KB123700

왕양명 읽기

세창사상가산책17

왕양명 읽기

초판 1쇄 인쇄 2018년 12월 21일
초판 1쇄 발행 2018년 12월 28일
-
지은이 황갑연
펴낸이 이방원
기획위원 원당희
편집 홍순용 · 김명희 · 안효희 · 강윤경 · 윤원진
디자인 손경화 · 박혜옥 **영 업** 최성수 **마케팅** 이미선
-
펴낸곳 세창미디어
출판신고 2013년 1월 4일 제312-2013-000002호
주소 03735 서울시 서대문구 경기대로 88 냉천빌딩 4층
전화 02-723-8660 **팩스** 02-720-4579
이메일 edit@sechangpub.co.kr **홈페이지** http://www.sechangpub.co.kr/
-
ISBN 978-89-5586-558-5 04150
     978-89-5586-191-4 (세트)

이 도서의 국립중앙도서관 출판시도서목록(CIP)은 서지정보유통지원시스템 홈페이지(http://seoji.nl.go.kr)와
국가자료공동목록시스템(http://www.nl.go.kr/kolisnet)에서 이용하실 수 있습니다. CIP제어번호: CIP2018042443

세창사상가산책 | 王陽明

왕양명 읽기

황갑연 지음

17

세창미디어
MEDIA

머리말

조선 성리학의 중심이 주자학이라는 점은 주지의 사실이다. 고려 말과 조선 초에 수입된 성리학은 남송 시기에 정립된 순수한 주자학이라기보다는 원元 말 혹은 명明 초기의 주자학이었다. 원대元代 문화의 특징은 실천주의와 실용주의로 대표된다. 그 때문인지 원대 성리학자들은 주자학을 종사宗師로 삼으면서도 육상산象山 陸九淵(1139-1192)의 심학心學과 대립적 태도를 취하지 않고 곧잘 조화를 이룬다. 또 명 초기에는 영락제永樂帝의 찬위簒位와 방효유方孝孺(1357-1402)의 순난殉難으로 말미암아 절의節義 정신이 크게 표양된다. 이러한 연유로 말미암아 우리에게 처음 수입된 주자학에는 상산학적인 경향도 있었고, 또 절의정신이 대표적으로 부각되기도 하였다.

또한 당시에는 주자학의 전체 규모를 파악할 수 있는 문헌들이 수입되지 않았기 때문에 조선 초중기의 성리학계는 '성이 곧 리이다性卽理'를 근간으로 하는 리학理學과 '심이 곧 리이다心卽理'를 골간으로 삼은 심학의 분계가 그리 명확하지도 않았을 뿐만 아니라 양자의 관계 역시 대립적 구도로 정립되지 않았다. 필자가 보기에 정이천伊川 程頤(1032-1107)·주자朱熹(1130-1200)를 중심으로 한 리학과 육상산·왕양명陽明 王守仁(1472-1528)을 중심으로 한 심학이 하나의 성리학에서 동시에 존립할 수 없는 구도로 정립된 진정한 출발점은 퇴계退溪 李滉(1501-1570)가 『전습록변傳習錄辨』을 저술한 이후인 것 같다.

조선 성리학계에서 퇴계의 『전습록변』이 차지하고 있는 위상을 고려하지 않은 채 중립적인 입장에서 『전습록변』 그 자체의 실상만을 본다면, '이것이 과연 조선 성리학을 대표하는 퇴계의 문장일까'라는 의구심이 들 것이다. 퇴계의 저술이라고 하기에는 너무나 격이 떨어진다. 『전습록변』이라는 문장은 양도 적을 뿐만 아니라 그중 양명 『전습록』의 원전을 빼면 몇 쪽이 되지 않는다. 논변의 주요 내용은 친민親民과 신민新民 그리고 지행합일知行合一인데, 그중에서도 지행합일에 관한 내용이 반을 넘는다. 더욱 중요한 것은 양명 심학의 핵심이 치양지致良知인데, 치양지에 관해서는 언급이 없다. 그렇다면 『전습록변』이 과연 양명 『전습록』을 올바르게 비평한 저작이라고 할 수 있을까?

퇴계는 『전습록변』을 서술하기 전에 양명 『전습록』을 완독하였을까? 필자가 보기에는 『전습록』 「상」편에 수록된 양명과 서애徐愛(1487-1517)의 지행합일에 관한 문장 몇 구절만 본 것 같다. 퇴계는 양명의 치양지는 물론이고, 양명이 제시한 양지가 맹자가 말한 양지와 양능을 포함한 개념일 뿐만 아니라 시비지심을 비롯한 사단지심 전체이며, 또한 상산이 주장한 심즉리의 본심임을 전혀 파악하지 못했다. 때문에 퇴계가 양명이 주창한 지행합일의 합일 의미를 온전하게 파악하지 못한 것은 당연한 결과였다.

뿐만 아니라 퇴계는 양명의 지행합일을 비판하면서 양명이 예로 든 비유의 부당함에 너무나 집착하고 있다. 그러나 양명이 예로 든 비유는 맹자가 열거한 비유와 다르지 않다. 그렇다면 왜 퇴계는 자신이 종사로 삼고 있는 맹자의 비유에 대해서는 눈을 질끈 감고 있으면서 양명에게만 관대함을 보이지 않고 있는가?

필자가 서문에서 이 문제를 꺼낸 까닭은 아직도 양명의 심학을 불교의 선학禪學으로 오해하고, 심지어 한국의 유학계를 대표하는 성균관장 선거에서 양명학을 전공한 후보를 이단이라고 매도하는 현실에 대한 분노와 서글픔 때문이다. 성균관장이라는 자리가 오죽 탐이 났고, 또 처지가 얼마나 절박했으면 스승까지 이단으로 매도했겠는가? 거기에 아무 물정도 모르고 망은부의忘恩負義한 사람의 공허한 외침에 부화뇌동한 전국 향교 유림들의 꼬락서니는 어떻게 받아들여야 할까? 21세기 향원鄕愿의 부활이다. 이 어찌 슬프지 않은가?

필자는 단언한다. 주자학은 물론이고 양명학 역시 공자와 맹자 그리고 순자의 학술, 즉 유가 성인 학문의 적통嫡統적 전승이다. 물론 본체에 대한 이해의 다름(성즉리와 심즉리)으로 말미암아 공부론도 격물치지格物致知와 치양지致良知로 구분되어 있지만, 모두 공자와 맹자 및 순자로 이어지는 유가 학술의 발전적 계승이다. 단지 서로 다른 시대정신 때문에 리학과 심학이라는 두 계통으로 전개되었을 뿐이다. 주자와 양명 모두 유학의 대현자大賢者이고, 위대한 유가철학자였다.

유학의 근본정신은 안으로는 성인의 인격을 추구하고(內聖), 밖으로는 숙세제민叔世濟民의 이상사회(外王)를 추구한다. 이 때문에 유학자들은 시대의 윤리와 문화뿐만 아니라 합리적 정치이념 정립에도 지대한 의무의식을 갖는다. 우리에게는 언제부터인가 '유림'이라는 집단이 보수, 심지어 수구의 세력으로 인식되었지만, 공자를 시작으로 유학은 개혁의 중심세력이었고, 이념 자체가 경장更張과 혁신革新이었다. 공자가 말한 인혁因革과 온고지신溫故知新이 바로 그것이다.

공자 이전의 주요 이념은 예禮로 대표된다. 당시 '예'는 단순한 외적 질서였다. 이러한 '예'에 대하여 의義라는 합리성을 부여하고, 다시 인仁이라는 도덕의지를 제시하자, '예'는 경화된 질서이념이 아니라 활발발活潑潑한 도덕의지를 내적 근거로 삼은 도덕규범으로 변화된다. 맹자에 이르러 성선설뿐만 아니라 왕도정치 이념이 제시되자, 도덕은 모든 인류에게 희망의 등불이 되었고, 정치는 단순한 사실에서 가치의 치도治道로 변모한다. 즉 정교政教라는 모델이 정립된 것이다. 이후 순자가 예치禮治를 주장하였고, 한대漢代에 유가철학이 핵심 이데올로기로 부상하였지만, 양한兩漢을 끝으로 유학은 침체되었고, 그 기간은 약 750년 동안 지속된다.

송대宋代에 이르러 주렴계濂溪 周敦頤(1017-1073)와 장횡거橫渠 張載(1020-1077) 그리고 정명도明道 程顥(1032-1085)와 정이천에 의하여 유학이 부활되지만, 진정한 완성자는 남송의 주자였다. 비록 육상산이 맹자의 인의내재설仁義內在說을 계승하여 심즉리의 심학을 개창開創하였지만, 대종大宗은 주자학이었다. 당시 주자에게 주어진 시대적 과제는 크게 두 가지였다. 하나는 북방 이민족에 대한 우환의식 극복이고, 다른 하나는 불교와 도가를 대체할 수 있는 이데올로기 정립이었다.

필자는 주자가 성즉리와 격물치지를 학술의 중심으로 내세운 주요 원인은 당연히 주자 자신의 의식구조이지만, 그것 외에 시대적 배경이 일정 부분 영향을 끼쳤다고 생각한다. 특히 남송이라는 열악한 시대적 상황에서 그가 인의예지仁義禮智와 충신忠信 등의 도덕규범을 순수한 개인의 도덕의지에서만 찾을 수 있었을까? 물론 상산은 개인의 도덕의지를 최후의 근거로 삼았지만, 주자는 성리性理를 심(의지) 밖에 주어진 것으로 설정하여, 한편으로는 남송의 우환에 사상적 이념을 제시하였고, 다른 한편으로는 도가와 불가에 빼앗긴 학술의 주도권을 회복하고자 하였다.

양명의 시대는 주자와는 달랐다. 주자의 시대에는 내우內憂보다 외환外患이 부각되었다면, 양명의 시대에는 특별한 외환이 없고 내우만이 있었다. 따라서 왕양명에게는 민족과 국가의 흥망이라는 우환의식이 그리 크게 부각되지 않았다. 게다가 명 초중기 정치와 윤리의 핵심이었던 주자학이 경화되자 유학의 생명력 회복은 양명에게 하나의 시대정신으로 자리 잡게 된다. 양명이 용장에서 심즉리를 터득(龍場悟道)한 후 지행합일을 가장 먼저 주창한 것도 격물궁리에만 빠져 유학의 본질인 실천을 도외시한 당시 주자학에 대한 각성의 외침이었다.

이처럼 유학자들은 시대의 변화에 따라 유학의 본질적 가치를 담은 시대정신을 창출하였고, 그에 따라 학술체계를 변모시켰지만, 세계관과 가치관은 공자에서부터 지금까지 일호—毫의 가감도 없이 지속되고 있다. 유학은 이 세계를 유有의 세계로 인식하고, 그 세계의 본래적 모습을 합리적 가치계로 판단한다. 때문에 유가에서 무無는 본체가 아니라 단지 행위의 자연스러움이라는 형용사일 뿐이다. 또 비록 지금의 이 세계가 무도無道이지만 합리적 질서를 부여하면 언제든지 합리적 질서의 세계로 변화된다는 것이 유학자의 공통된 인식이다.

공자의 인정仁政과 맹자의 왕도정치 및 순자의 예치, 인의예지와 성선설 및 화성기위化性起僞 등 선진시대의 주요 유가철학 이념, 성즉리와 심즉리, 격물치지와 치양지 등 송명이학宋明理學의 주요 개념 중 어느 것이 유학의 세계관과 가치관에서 벗어났는가? 이제는 정통이라는 자기발언, 이단이라는 타자화된 발언을 삼가하자. 박물관에서도 소장하길 꺼려 하는 세련되지 못한 구시대의 유물이다.

필자는 대만臺灣 동해대학東海大學에서『심학의 도덕형이상학 연구心學的道德形而上學研究』라는 주제로 박사학위를 취득하였다. 속칭

전공이 동양철학이고, 좀 더 세분화하면 중국철학, 중국유학, 다시 양명학으로 분류된다. 그러나 지금까지 필자의 연구는 주자와 관련된 논문이 더 많다. 이 책에도 양명학과 함께 주자학 관련 내용이 많이 수록되어 있다. 양명학이 주자학에 대한 반성과 성찰 그리고 비평과 함께 전개되었기 때문에 주자학에 대한 이해 없이는 양명학을 설득력 있게 해설하기가 어렵다.

필자는 1장에서 양명학 출현의 선하先河를 소개하였고, 2장에서 광狂을 중심으로 양명의 기상과 학술의 완성 과정을 서술하였다. 3장에서는 양명학 탄생의 역사적 배경, 4장에서는 주자학에 대한 양명의 비평과 오해를 해설하였다. 주자가 상산에 대하여 부적절한 오해를 한 것이 과실이라면 주자학에 대한 양명의 과실 역시 결코 적지 않다. 5장에서는 양명철학에서 양지의 위상과 작용을 중심으로 양명의 치양지철학 성립의 본체론적 규모, 6장에서는 양명의 지행합일론과 치양지를, 마지막으로 7장에서는 조선 성리학자들의 양명학에 대한 비판과 오해를 소개하여 퇴계 이후 한국 성리학자들의 양명학에 대한 편향된 인식을 종합적으로 서술하였다.

필자는 지도교수 채인후蔡仁厚 교수의 저술인 『왕양명철학』을 번역한 적이 있고, 또 주자와 육구연의 논쟁에 관한 저술(『이학·심학 논쟁―연원과 전개 그리고 득실』)도 있지만 양명학을 단독으로 출간하지는 않았다. 양명학 관련 저술은 필자에게는 하나의 의무였다. 뜻밖에도 필자에게 양명학에 관한 저술을 요청한 세창미디어 모든 분께 진심으로 감사를 드린다. 또한 거칠게 서술된 원고를 꼼꼼하게 수정해 주신 신혜연 선생님께도 고마움을 표한다.

2018년 12월
황갑연

1

양명학 출현의 선하先河

필자는 이 장에서 양명학의 선하를 공자의 인仁과 맹자의 인의내재仁義內在[01] 그리고 상산의 심즉리에서 찾는다. 일반적으로 육상산과 왕양명의 학술을 심학이라고 칭하고, 정이천과 주자의 학술을 리학이라고 칭한다. 그러나 현대의 학술계에서는 리학과 심학이라는 용어보다는 정주학程朱學과 육왕학陸王學이라는 용어를 더욱 보편적으로 사용한다. 왜냐하면 리학과 심학이라는 명칭을 엄격하게 분석하면 실제와 부합하지 않기 때문이다. 리는 정주와 육왕 모두에게 적용되는 것인데, 왜 정주학에만 적용하는가? 심지어 한국의 학술계에서는 성리학이라는 범주에서 육왕학을 배제하기도 한다. 이것이야말로 참으로 해괴한 개념 규정이다.

---

[01] 맹자가 말한 인의내재의 문자적 의미는 인의라는 도덕법칙이 심에 본래적으로 갖추어져 있다는 의미이다. 그러나 이는 심과 이질적인 인의의 법칙이 심에 본래적으로 갖추어져 있다는 의미가 아니라 심이 스스로 자각하여 측은(惻隱)한 마음을 표현하고, 수오(羞惡)의 마음을 드러내는데, 이때 측은과 수오라는 도덕적 정감(善情)을 법칙적인 의미로 규정하면, 측은은 '인'으로, 수오는 '의'로, 사양(辭讓)은 '예'로, 시비(是非)는 '지(智)'로 규정된다. 맹자는 비록 심즉리라는 언설을 한 적이 없지만, 그가 말한 인의내재는 사실상 심즉리의 다른 표현에 불과하다.

리와 마찬가지로 성 역시 육왕학과 정주학의 공통분모이다. 대다수의 사람들이 정주는 '성이 곧 리이다'는 성즉리만을 긍정하고, '심이 곧 리이다'의 심즉리는 부정하였으며, 육왕은 오로지 '심이 곧 리이다'의 심즉리만을 긍정하였다고 생각하는데, 이는 사실과 다르다. 정주학에서는 심즉리를 긍정하지 않지만 육왕학에서는 심과 성 그리고 리가 등가等價관계로 정립되어 있다. 따라서 '성이 곧 리이고, 심이며, 심 역시 리이다'. 즉 성즉리와 성즉심 그리고 심즉리가 동시에 성립한다. 단지 주자학자들이 성즉리를 핵심 종지宗旨로 삼고 있기 때문에 성즉리를 부각시키면 리학과의 차별성이 드러나지 않을 뿐만 아니라, 심학자들이 도덕의지심의 자율성을 강조해야 하기 때문에 성즉리와 성즉심보다는 심즉리를 애용하였을 뿐이다.

필자는 공자와 맹자 그리고 육상산과 왕양명의 학술을 동일계통의 발전이라고 생각한다. 유가학술의 중심이 도덕철학 즉 윤리학인데, 그렇다면 이들 윤리학의 공통점은 무엇인가? 조금 어렵게 표현하면 그들의 윤리학은 '의지의 입법성을 긍정하는 자율도덕론의 전형이다'고 규정할 수 있다. 일반사람들은 '입법'과 '준법'의 의미를 엄격하게 구분하지 않는데, 양자는 분명 다르다. 뒤에서 필자는 주자와 양명 도덕론의 차이를 쉽게 해설하겠지만,

리에 대한 심의 준법은 주자의 도덕론에 적합한 말이고, 왕양명에게는 입법이 적합한 표현이다. 다시 말하면 공자의 '인'과 맹자의 심성 그리고 상산의 심과 양명의 양지는 도덕상의 시비선악을 판단하고 결정하는 표준이며, 스스로 선을 좋아하고 악을 싫어하며(好善惡惡), 자신에 의하여 결정된 선과 악을 구체적인 행위로 실천(爲善去惡)하는 주체이다. 법칙(理)은 다른 것이 아니라 도덕의지(心)가 스스로 결정한 자신의 활동방향이다.

어린아이가 우물에 빠지려는 상황을 목도하면 도덕의지인 심은 우리에게 즉각적으로 '어린아이를 구해야 한다'는 명령을 내린다. 이 명령은 단순한 상명하복上命下服과 같은 명령이 아니라 '어린아이가 우물에 빠져서는 안 된다'는 양지의 도덕적 판단을 포함하고 있는 도덕가치의 명령이다. 이러한 도덕명령이 바로 법칙(규범), 즉 리이다. 따라서 리는 도덕의지에 의하여 결정되고 세워진다. 도덕의지가 입법의 주체라는 의미는 바로 이것이다.

공자와 맹자 그리고 육상산과 왕양명 어느 누구도 도덕의지 혹은 선의지라는 용어를 사용한 적이 없다. 그러나 공자철학에서 인은 자율적 도덕의지임이 분명하고, 맹자는 더욱 구체적으로 인의내재설을 주장하여 인의의 법칙이 심에 의하여 결정됨을 긍정하였으며, 상산에 이르러 명시적으로 심즉리를 천명하였고, 왕양명에 이르러 '심이 곧 천리이다'라는 심즉리를 골간으로 하는 심학이 완성된다.

1
공자의 인

양명은 물론이고 주자 역시 유학이라는 학술의 도통道統을 요순堯舜에서 찾지만, 유가철학은 실질적으로 공자에 의하여 탄생되었다. 공자는 스스로 "옛 성인의 말씀을 전승만 할 뿐 창작하지는 않는다述而不作"고 하였지만, 실제로 공자는 창신을 하였다. 공자 이전의 전통은 공자에 귀속되었고, 공자는 자신의 시대정신에 입각하여 새롭게 창신하였다. 때문에 공자는 술이부작述而不作한 것이 아니라 술이작述而作하였다.

공자철학의 내용은 여러 방면에서 다양하게 해설할 수 있지만, 철학성의 문제만을 말한다면 마땅히 '인'과 '의' 및 '예' 삼자에 대한 새로운 관계정립에서 찾아야 할 것이다. 공자는 춘추 말기 사람이다. 춘추시대를 대표하는 관념은 인과 의가 아니라 바로 예였다. 예의 본래 의미는 제사와 관련 있지만 서주西周시대 약 300년을 거치면서 점차 종교적인 의미가 탈락하고 도덕규범의 의미로 전환되었다. 특히 춘추시대에 이르러 예는 당시 인문세계의 총화개념으로 발전되었다.

이처럼 예가 인문의 중심 개념으로 등장하였지만, 당시에 어느 누구도 예의 정당성과 그것의 정립 근거에 대한 근본적인 의문을 제기하거나 해설을 한 사람이 없었다. 예는 우리가 마땅히 준수해야 할 규범과 질서이다. 그런데 무엇 때문에 우리는 예를 준수해야 하는가? 그것을 준수할 수밖에 없는 합리적인 근거는 무엇인가? 종교성의 색채가 남아 있다면 예의 정당성 근거는 하늘(천제 혹은 여호와)에서 찾을 수도 있을 것이다. 이 문제에 대하여 최초로 반성과 의문을 제기하면서 합리적 해설을 도모한 사람이 바로 공자였다.

예가 이성을 소유한 모든 사람에게 유효하게 적용되려면 반드시 정당성을 확보해야 하는데, 공자는 그것을 '의'로 규정하였다. 공자 이전 '의' 자에는 합리와 정당의 의미가 명확하게 내재되어 있지 않았다. 『시경』과 『서경』에 출현하는 의는 단지 행위의 미덕이라는 의미에 머물고 있을 뿐이다. 공자에 이르러 의에 행위의 정당 혹은 합리의 의미가 갖춰지게 되면서 진정한 도덕적 개념으로 정립된다. 공자는 "의로움을 보고서도 실천하지 않으면 용기가 없는 것이다"(『논어』 「위정」)라고 하였는데, 이곳에서 의로움은 바로 '정당'의 의미이다. 즉 정당한 일을 대면하고서도 이를 실천으로 표현하지 않으면 용기가 없다는 의미이다.

또 "군자는 천하의 일에 대하여 무조건 긍정하면서 하려고 하는 것도 없고, 무조건 부정하면서 하지 않으려고 하는 것도 없다. 오로지 의에 따라 행할 뿐이다"(『논어』 「이인」)라고 한다. 이때의 의는 순리順理로도 해설할 수 있지만, 합리가 더욱 적당하다. 우리는 약속을 하면 그것을 반드시 지켜야 한다고 생각하지만, 만일 약속 자체에 합리성이 결여되었다면 바꿀 수 있는 것이다. 지켜야 하는 약속은 그 약속에 합리성의 가치가 내재되어 있는 경우이다. 예를 들어 마약이나 술에 취한 상태에서 객기에 근거한 약속도 반드시 지켜야 하는가?

이처럼 공자철학에서 의는 정당과 합리의 도덕적 의미로 사용된다. 따라서 예가 이러한 정당성과 합리성을 갖추지 못한다면 예는 예로서 존립할 근거를 상실하게 된다. 임방林放이라는 사람과 공자의 대화를 보면 예와 의의 관계를 정확하게 파악할 수 있다.

임방이라는 사람이 "예의 근본이 무엇이냐"고 물었다. 공자는 "훌륭한 질문이다"라고 칭찬하면서 "예는 사치스럽게 꾸미기보다는 차라리 검소해야 하며, 상례는 형식을 잘 갖추기보다는 차라리 상주가 슬퍼해야 한다"고 대답한다. _『논어』「팔일」

이곳에서 공자가 강조한 검소와 슬픔은 다름 아닌 예의 실질 내용이다. 만일 예가 겉만 화려할 뿐 실질이 없다면 그것이 바로 화염무실華艶無實이다. 부모님의 상례에서 형식을 주도면밀하게 갖추었지만, 상주가 슬퍼하는 마음이 없고 울지도 않는다면 이것 역시 상례의 근본을 망각한 것이다. 내용이 부실하면 형식인 예법은 반드시 무너진다. 따라서 예는 반드시 의를 근본 내용으로 삼아야 한다.

그러나 정당성과 합리성의 개념인 의는 무엇에 의하여 판단되고 결정되는가? 정당성과 합리성은 여러 방면에서 논의될 수 있다. 종교적인 윤리학이라면 정당성과 합리성의 결정권은 오로지 신에 있을 뿐이다. 공리주의 윤리라면 동기의 순수성에서 선을 찾지 않고 결과에서 찾을 것이다. 즉 그 행위가 최대 다수의 행복을 도출하였다면 선한 행위라고 할 수 있을 것이다. 최대 다수의 행복이 바로 정당성과 합리성을 결정하는 근거이다. 그러나 공자는 정당성과 합리성의 근거를 외적인 신이나 다수의 행복 등 외적인 것에서 찾지 않았다. 공자는 우리의 마음에는 스스로 합리성과 정당성에 대하여 희열을 느끼는 도덕적 의지(선의지)가 선천적으로 갖추어져 있다고 생각하였는데, 그것이 바로 '인'이다.

일반 사람들은 '인' 자를 '어질다'로 번역하지만, 적어도 공자의 철학에서 인을 '어질다'로 해석하면 이는 부분을 전체로 확대한 해석이다. 다시 말하면 '어짊'이라는 덕은 인 속에 포함되어 있는 수만 가지 덕 중의 하나일 뿐이다. 공자철학에서 인은 만덕萬德(衆德)의 근원이고 도덕실체이며, 완전한 선의지이다. 공자에 의하면, 사람은 이러한 인이라는 도덕의지를 실현할 수 있기 때문에 사람으로서 존재하는 것이다. 공자에 의하면, 인을 실현하지 못하면서도 살아 있다면 이는 요행히 살아 있는 것이다. 때문에 인은 사람이라는 존재의 본질인 것이다.

또 공자는 "뜻 있는 선비와 인한 사람은 살기 위하여 인을 해치지 않고, 자기 몸을 죽여 가면서도 인의 가치를 완성한다"(『논어』「위령공」)고 하였다. 우리는 인생에서 자연생명의 존속이라는 욕망과 인이라는 도덕의지가 서로 충돌하는 상황을 종종 대면한다. 대부분의 사람들은 인이라는 도덕가치의 욕구보다는 자연생명의 욕망을 우선적으로 고려한다. 공자는 이러한 부류의 사람을 악인이라고 규정하지는 않았다. 공자에 의하면 소인小人이 바로 그러한 부류에 속한 사람이다. 반면 대인·군자·인자·성인 등은 자연생명의 요구와 도덕의지가 서로 충돌할 때 도덕의지의 실현을 우선적으로 고려한다. 공자가 말한 살신성인殺身成仁이 바로 이러한 선택을 극단적으로 말한 것이다. 후에 맹자가 주장한 '생명을 버려서라도 의의 가치를 취해야 한다(捨生取義)'는 말은 살신성인의 또 다른 표현이다.

공자에 의하면, "군자는 인을 버리고서 군자라는 이름을 올바르게 세울 수 없다"(『논어』 「이인」). 군자의 인생은 바로 인의 실현 과정이다. 이러한 인의 실현 역정은 생명을 마침으로써 끝이 난다. 때문에 공자는 "선비의 뜻은 넓고 강건하지 않을 수 없으니, 책임은 무겁고 갈 길은 멀다. 인으로써 나의 임무를 삼으니 어찌 무겁지 아니한가! 죽은 뒤에야 끝이 나니 갈 길이 멀지 아니한가"(『논어』 「태백」)라고 탄식한다.

이처럼 인은 마음에 내재되어 있는 활발발活潑潑한 도덕의지, 즉 선에 대하여 무조건적으로 희열을 드러내는 역동적인 실체이기 때문에 인의 실천은 남에게 의지할 필요가 없고, 후천적인 학습을 통하여 배워 얻을 수 있는 것도 아니다. 일념 간에 자각 성찰하면 그곳에서 자신의 모습을 드러낸다. 공자는 "인의 실현은 나에게 달려 있는 것이기 때문에 남에게 의지할 필요가 없다"(『논어』「안연」)라고 하였고, 또 "인이 어찌 멀리 있는가? 내가 인을 실천하고자 하면 인은 그 자리에서 발현되는 것이다"(『논어』「술이」)라고 하였다. 이 모두 인의 자각성과 자발성을 표현한 말이다.

공자는 도덕가치에 대한 자각에서부터 실천까지 전 과정을 완성할 수 있는 역량이 우리에게 충분히 갖추어져 있다고 확신하였다. 그 힘의 원천은 무엇인가? 다름 아닌 도덕의지 즉 인이 바로 그것이다. 때문에 "그 힘을 인을 실현하는 데 쓰려고 하는 사람에 있어 인을 실현하려고 하지만 그 힘이 부족한 사람을 나는 보지 못했다"(『논어』「이인」)고 한 것이다. 이러한 도덕실천 역량에 대한 충분한 긍정은 공자에서부터 시작된 유가철학의 오래된 전통이다. 불교에서도 불성佛性의 선천성을 근거로 성불成佛의 가능성을 충분히 긍정하였다. 이러한 전통은 소승보다는 대승불교가 적극적이다. 인도에서 중국으로 소승과 대승 모두 전래되었지만, 유독 대승만이 크게 발전한 것은 바로 대승과 유사한 전통이 이미 중국에 크게 유행하고 있었기 때문이다. 필자가 보기에 중국의 대승불교에는 공자와 맹자의 영혼(인과 심성)이 자리 잡고 있다.

이처럼 공자는 예라는 외적인 규범에 정당성과 합리성의 의를 부여하고, 그것을 결정하는 근거는 내적인 도덕의지인 인에서 찾음으로써 중국에서 최초로 규범(禮)에 대한 의지(仁)의 입법성을 긍정하는 자율도덕의 혜안을 보인 것이다.

2
맹자의 인의내재

'맹자가 공자철학의 적통인가'에 대해서는 이견이 있을 수 있다. 비록 송명유학의 양대 줄기인 정주학과 육왕학에서 모두 맹자학을 종사로 삼고 있지만, 한대에는 맹자학보다는 자하학子夏學의 계통인 순자학이 오히려 성세를 이루었다. 즉 반맹존순反孟尊荀의 학술 풍조가 성행한 시기였다. 그러나 맹자의 성선설과 사단지심 그리고 인의내재설을 근거로 살펴보면 공자의 인은 확실히 순자보다는 맹자에 의하여 올바르게 수용되었다고 할 수 있다. 수용뿐만 아니라 맹자에 의해서 학술 규모가 양적으로는 확대되었고, 질적으로는 더욱 정묘해졌다.

필자는 양명학의 선하를 도덕규범에 대한 의지의 입법성에서 찾는다. 따라서 앞 절 공자철학에서는 인과 의 그리고 예, 삼자의 새로운 관계 정립을 중심으로 전개하였고, 맹자학에서는 인의내재를 중심으로 전개할 것이다. 인의내재의 구체적인 의미는 '인의라는 도덕규범이 심에 본래적으로 갖추어져 있다'이고, 더욱 구체적으로 해설하면 '인의라는 도덕규범은 도덕의지인 심에 의하여 결정된다'는 의미이다. 따라서 인의내재는 '인의내재어심仁義內在於心'의 줄임말이다.

인의내재가 있다면 당연히 인의외재仁義外在가 있을 것이다. 맹자 당시에 맹자와 고자告子 사이에 이미 '인의내재'와 '인의외재'에 관한 논쟁이 발생하였다. 맹자는 인과 의 모두 심이라는 도덕주체에 의하여 결정됨을 주장하였고, 고자는 오로지 인만이 심에 내재되었을 뿐 의는 외적인 대상에 의하여 결정된다고 한다. 즉 인내의외설仁內義外說을 주장하였다. 두 사람의 논쟁은 상당히 길고 다양한 시각으로 진행되지만 내용은 그리 복잡하지 않다.

첫째, 두 사람의 논쟁에서 출현하는 '인' 자가 지칭하는 대상이 서로 다르다. 맹자에서 인은 측은지심을 내용으로 하는 도덕심(규범)이라면, 고자에서 인은 '다른 사람의 동생은 사랑하지 않고 자신의 동생만을 사랑하는 일종의 심리적 본능으로서의 친밀감'이다. 이처럼 서로 다른 내용을 지칭하지만 내적이라는 사실만은 동일하다. 그러나 엄격하게 말하면 '내內'의 소재는 같지 않다. 맹자에서 인내재仁內在의 소재는 도덕의지(心)이지만, 고자에서 '인내재'의 소재는 가치중립적인 정감일 뿐이다.

둘째, '의'가 외적인 대상에 의하여 결정되는가? 아니면 내적인 주체에 의하여 결정되는가? 동일한 도덕적 규범이라는 의미로서의 의를 실행함에 있어 주체와 대상 중에 어느 하나도 결여되어서는 안 된다. 주체가 없고 대상만 있거나, 주체만 있고 대상이 없는 도덕실천은 상상할 수 없다. 주체를 설정하지 않는다면 도덕행위 자체가 아예 불가능한 것이고, 대상을 설정하지 않는다면 도덕실천의 방향이 부재한 것과 다를 바 없다. 그러나 도덕행위에서 대상에 대한 인식 그리고 이 대상에 대한 적절한 고려와 준칙을 결정하는 것은 행위의 주체이지 결코 대상이 아니다. 대상은 '의'라는 도덕가치 그리고 그것에 의거하여 표현된 행위를 접수할 뿐 결정의 최후 근거는 아니다. 아무리 연장자라고 할지라도 행위의 주체가 공경이라는 의를 표현할 가치가 없다고 판단하면 의를 표현하지 않아도 무방하다. 따라서 인과 의 모두 내적인 심에 의하여 결정되고 실행된다고 할 수 있다.

맹자는 "인은 사람의 마음이고, 의는 사람이 마땅히 가야 할 길이다"(『맹자』 「고자상」)라고 한다. 맹자가 비록 이곳에서 인과 의를 마음과 마땅히 가야 할 길, 즉 심과 법도로 나누어 해설하지만,

사실 양자는 심이면서 법도이고, 법도이면서 심이다. 왜냐하면 맹자에 의하면, 인은 측은지심이고, 의는 수오지심이며, 예는 사양지심(공경지심)이고, 지는 시비지심이기 때문이다. 심을 떠나서는 사단지심과 인의예지를 논할 수 없다. 이에 관하여 맹자는 "군자가 긍정하는 성은 인의예지인데, 이 인의예지는 심을 근원으로 한다(仁義禮智根於心)"(『맹자』 「진심상」)고 한다. 맹자가 긍정한 성은 고자나 순자처럼 생리적 본능으로서의 자연적 본성이 아니라 인의예지를 내용으로 하는 도덕적 본성이다. 즉 성선의 본성이다. 그런데 이 인의예지가 바로 심을 근원으로 한다. 따라서 비록 맹자가 '심이 곧 성이다(心卽性)' 혹은 '심이 곧 리이다(心卽理)'라는 말을 직접 언표하지는 않았지만, 사실상 '심즉성'과 '심즉리'를 긍정하고 있다.

　맹자의 도덕론에서 인의의 도덕법칙과 성선의 성 그리고 사단지심의 심이 실제로 등가等價관계의 일자一者의 관계로 놓여 있기 때문에 도덕시비선악의 판단과 '선을 좋아하고 악을 싫어하는(好善惡惡)' 동력 그리고 '선을 실천하고 악을 제거하는(爲善去惡)' 구체적 실천은 모두 하나의 심이라는 도덕주체에 의하여 결정되고 실현된다. 이 점에 관하여 맹자는 "도덕실천은 인의로 말미암아 실행하는 것이지(由仁義行) 인의를 실행하는 것이 아니다(非行仁

義)"(『맹자』「이루하」)고 주장하였다.

　맹자에 의하면, 성선의 성과 사단지심의 심은 본래적으로 양지와 양능이라는 두 작용을 구비하고 있다. 양지는 시是와 비非 그리고 선과 악을 격물궁리와 같은 부차적인 절차 없이 당장에서 즉각적으로 판별하여 결정하는 작용이다. 양능은 양지의 작용에 의하여 판별된 '시'와 '선'에 대해서는 즐거움(好)을 드러내 밖으로 실천하여 드러내고(爲善), '비'와 '악'에 대해서는 혐오(惡)를 드러내 제거한다(去惡). 후에 주자 역시 맹자의 이 구절에 대하여 "인의는 이미 심에 근원을 둔 것이고, 행위는 모두 이것으로부터 발출된 것이지 인의가 아름다워서 억지로 행하는 것이 아니다"라고 주석한다. 그러나 주자의 해설은 단지 맹자에 따른 것일 뿐 자신의 도덕론과 부합해서 그렇게 해설한 것은 아니다.

　맹자가 말한 '유인의행由仁義行'과 '행인의行仁義'는 맹자 도덕론의 성격을 결정할 수 있는 중요한 표현이다. 다시 말하면 이로부터 도덕법칙에 대한 의지의 자율성과 타율성을 미루어 짐작할 수 있다. '유인의행'은 도덕과 관련된 모든 것, 즉 판단과 실천이 도덕심의 자아실현 요구와 역량에 의거하여 이루어진 것이기 때문에 도덕은 심의 자율이다. 반면 '행인의'는 인의라는 외적인 규범을 표준으로 삼아 이 표준에 의거하여 의지를 조절하고 정감을 주재함을 의미한다. 표준은 주어진 것이지 심이 결정한 것이 아니다.

순자의 도덕론에서 예의禮義 그리고 주자의 도덕론에서 리(理-性-太極)는 심 밖에 주어진 것이지 심에 의하여 자발적으로 결정된 것이 아니다. 맹자는 이러한 도덕의지의 자율성은 "어린아이가 우물 속으로 빠지려고 하는 것을 문득 보게 되면 모두 다 깜짝 놀라 측은한 마음이 드는데, 이것은 어린아이의 부모와 친교를 맺었기 때문도 아니고, 마을 사람과 친구들에게 칭찬을 들으려고 하는 것도 아니고, 나쁜 소문이 날까 봐 그것을 싫어해서도 아니다"(『맹자』, 「공손추상」)라는 비유로써 간접적으로 설명한다.

사실 어린아이가 우물에 빠지려고 하는 찰나에 드는 측은지심惻隱之心의 비유는 성의 선성善性과 의지의 자발성에 대한 계발적 예시일 뿐 그것이 유일한 사실적 증거는 아니다. 왜냐하면 "성은 악하다"는 성악설性惡說을 주장한 순자 그리고 "성은 본래부터 선과 악으로 규정할 수 없다"는 성무선무악설性無善無惡說을 주장한 고자, "선한 본성도 있고, 악한 본성도 있다"는 유성선유성악설有性善有性惡說을 주장한 학자들도 역시 이러한 상황에 직면하면 모두 동일하게 측은한 마음이 들 것이기 때문이다.

또 성악설을 주장하는 순자 역시 아름다운 물건을 보면 소유하고 싶은 욕구가 즉각적으로 드는 것을 근거로 본성이 선천적으로 악하다는 것을 정당화할 수 있다. 때문에 어린아이가 우물에 빠지려고 하는 찰나에 드는 측은한 마음은 성이 선하다는 것을 사실적으로 증명하는 계발적 예시에 불과하다. 다시 말하면 맹자는 이미 사람의 본성은 본래부터 선하다는 신념을 강하게 소유하고 있었으며, 이를 사실적으로도 확신하고 있었기 때문에 어린아이가 우물 안으로 들어가는 장면을 볼 때 어떤 사람도 측은한 마음이 든다는 사실을 예로 들어 성선의 도덕의지를 계발하고자 한 것이다.

또 맹자는 심과 도덕규범(理)의 관계를 상호 간의 희열(悅) 작용으로 표현한다. "사람의 마음에 있는 것에서 공통적인 것은 무엇인가? 바로 리와 의라는 것이다. 성인이 우리와 다른 점은 우리 마음에 공통적으로 있는 리와 의를 먼저 깨달아 얻은 사람일 뿐이다. 그러므로 리와 의는 우리들의 마음을 기쁘게 하는데, 이는 맛있는 고기가 우리들의 입을 즐겁게 해 주는 것과 같다."(『맹자』「고자상」) 리와 의는 도덕규범(법칙)이다. 왜 도덕법칙인 리와 의가 내 마음을 기쁘게 하는가? 또 내 마음은 왜 도덕법칙에 대하여 자발적으로 흥미를 갖는가? 그것은 리의와 내 마음이 서로 다른 이질적 존재가 아니기 때문이다. 리의와 심의 상호 간 희열은 '인의 내재'와 '유인의행'에 관한 또 다른 설명, 즉 심즉리의 표현이다.

3
상산의 심즉리

심학은 상산의 시대에 이르러 한 차례의 전환기를 맞는다. 양명은 심즉리보다는 "양지가 곧 천리이다"는 양지즉천리良知卽天理라는 표현을 더욱 즐겨 사용하는데, 천리라는 표현은 분명 상산의 영향 때문이다. 비록 맹자가 "만물의 이치는 모두 나의 마음에 갖추어져 있다(萬物皆備於我)"(『맹자』「盡心上」)고 하여 나의 마음(심)이 도덕행위의 주체일 뿐만 아니라 만물의 근원임을 나타내기도 하지만, 엄격하게 말하면 공자와 맹자에 있어 심의 활동영역은 도덕행위라는 범주를 벗어나지 못하고 있다. 그러나 상산의 다음 표현을 보면 상산이 긍정하는 심의 활동 범주가 존재의 영역까지 확장되었음을 발견할 수 있다.

우주가 바로 내 마음이고, 내 마음이 바로 우주이다(宇宙便是吾心, 吾心卽是宇宙). _『상산전집』「권36」

우주 내의 일이 바로 나의 일이고, 나의 일이 바로 우주 내의 일이다(宇宙內事乃己分內事, 己分內事乃宇宙內事). _『상산전집』「권36」

심이 도덕행위라는 당위의 영역을 넘어서 우주라는 존재의 범주까지 확충되면 심즉리의 리 역시 우주만물을 모두 포괄하는 천리로 확장되는 것은 당연하다. 양명은 이러한 상산의 우주심을 계승하여 "양지는 천지만물 조화의 정령이다"(『전습록』, 「하」)라고 한다. 상산의 심과 양명의 양지는 인도人道임과 동시에 천도天道(天理), 즉 당위의 원리임과 동시에 존재의 원리인 것이다. [02]

"심이 곧 리이다"는 심즉리설은 참으로 간단하고도 명료한 표현인 것 같다. 그러나 심즉리의 진의를 파악하는 것은 그리 쉽지 않다. 만일 심즉리가 어려운 말이 아니라면 왜 그토록 많은 성리학자들이 심즉리설을 곡해하였겠는가? 특히 정주학의 사유에 오랜 기간 동안 훈습된 우리의 현실에서 더더욱 쉽지 않다. 심즉리에 대한 오해는 크게 세 가지이다.

---

[02] 심이 당위의 원리임은 그리 어렵지 않게 해설할 수 있지만, 심이 존재의 원리임을 해설하려면 유가철학의 형이상학, 즉 도덕형이상학의 의미를 장악하고 있어야 한다. 맹자는 "사람이면서 마땅히 측은한 마음을 발현해야 할 때 측은한 마음을 발현하지 못하면 사람이 아니라고 한다(無惻隱之心, 非人也)"(『孟子』「公孫丑上」). 맹자가 말한 '비인(非人)'은 사람이라는 존재의 실재성을 부정한 것이 아니라 존재 가치성을 부정한 것이다. 다시 말하면 맹자는 도덕성으로서 인간의 존재 근거(본질)를 규정하고서 마땅히 도덕성을 표현해야 할 때 도덕성을 실현하지 못하면 존재가치성을 부정한다. 이러한 맹자의 도덕형이상학은 『중용』의 시대에 이르러 도덕성을 모든 존재에 확장한다. 『중용』「25장」의 "진실되지 못하면 존재하지 않는 것이다(不誠, 無物也)"가 바로 그것이다. 이처럼 존재의 근거를 도덕성으로 확정하고, 도덕주체의 자각 작용과 실현 작용을 통하여 존재의 의미가 완성된다면 도덕주체는 당위의 원리임과 동시에 존재의 원리라는 의미를 갖게 된다. 이것이 바로 유가 도덕형이상학의 기본 의미이다.

첫째, 심학의 심을 불교의 선종에서 말한 "마음에서 그 마음의 본래면목을 보아야 하고, 만일 마음의 본래면목을 보았다면 성불한 것이다(卽心見性, 見性成佛)"의 심과 동일하게 인식하는 것이다. 그러나 선종에서 긍정하는 심은 공성空性을 본질로 하는 자성청정심自性淸淨心일 뿐 인의예지를 내용으로 하는 도덕심이 아니다.

둘째, 주자의 심으로 인식하는 것이다. 대표자는 명대와 조선의 주자학자들이다. 주자의 철학사유에서 심은 성과 동일자가 아닌 기氣에 속한 형이하자이다. 물론 거경함양과 격물치지를 경유하여 심이 리를 완전하게 인식하고, 또한 리의 조리에 따라서 자연스럽게 정감을 조절하고 중화中和의 경지를 드러낸다면 심즉리라고 할 수 있을 것이다. 그러나 이는 수양공부를 경과한 후 결과, 즉 경지의 측면에서 말한 것일 뿐이다.

주자철학에서 심과 성은 후천적인 합일의 관계일 뿐 선천적 혹은 개념적으로 일자의 관계가 아니다. 주자철학에서 심은 기에 속하고, 기 중에서 빼어난 작용을 갖춘 존재일 뿐이다. 주자는 심을 기의 령靈 혹은 기의 정상精爽이라고 규정한다. 조선 성리학자들은 상산이 심즉리를 주장하자, 이를 올바르게 장악하지 못하고 그들의 철학적 사유에서 기의 범주에 속한 심을 형이상자인 리로 규정한다고 비판한다. 그러나 상산의 심과 주자의 철학사유에서 등장하는 심은 범주와 층위가 다르다는 점을 분명하게 인식해야 한다.

셋째, 소동파와 명대 심학 말류에서 나온 폐단이다. 사실 정감과 심 그리고 욕망은 그 분계를 명확하게 구분하기가 쉽지 않다. 심즉리의 심은 비록 절대적으로 선한 도덕의지(선의지)이지만 구체적인 정감과 어울려 드러난다. 즉 인과 의는 측은·수오의 정감과 일체화되어 표현된다. 또한 심에 의하여 강렬하게 드러난 의향은 '무엇을 하고자 하는 욕구와 분별하기가 쉽지 않다.'

우리는 때로 자신의 주관적인 신념에 몰입해 있을 경우 그것이 곧 정의이고 선이라고 독단적 판단을 한다. 물론 심의 순선한 상태를 올바르게 간직하고 있다면 선악이 혼재된 정감 그리고 욕구와의 차이가 분명하게 드러날 수 있지만, 심의 정확한 의미를 장악하고 있지 않다면 심과 정情 그리고 욕欲의 분계는 모호해진다. 때문에 심즉리의 심에 대하여 이해가 부족한 사람들은 쉽게 심즉리의 심을 감정층의 정욕으로 끌어내려 "내 마음대로 하여도 도리에 합치한다(任情縱欲)"고 함부로 말한다. 이들은 결국 미치광이(狂禪 혹은 猖狂者)로 전락하고 말았다.

상산에 이르러 심즉리의 언설 그리고 이에 대한 다양한 의미 표현이 구체적으로 등장한다.

천하의 리는 무궁하다…그러나 리의 최종 귀속처는 바로 이 심이다. _『상산전집』「권34」

이 심은 서로 같고, 이 리도 서로 같다.…천백세 이전 그리고 천백세 이후에 성인이 출현하더라도 이 리와 이 심은 서로 같지 않음이 없다. _『상산전집』「권36」

상산의 심즉리는 누구로부터 계발받은 것인가? 상산은 "나는 일찍이 『맹자』를 읽고서 스스로 터득하였다"(『상산전집』「권35」)고 하였다. 맹자가 비록 심즉리를 언표하지는 않았지만, 상산은 맹자가 마음의 선함을 근거로 본성의 선함을 긍정하고, "인의예지가 자신의 본심을 근원으로 한다(仁義禮智根於心)" 그리고 "리와 의의 도덕법칙이 나의 마음을 기쁘게 한다(理義悅我心)"는 구절에서 심즉리를 계발받은 것이 분명하다. 후에 양명은 "부모를 사랑하는 마음이 있으면 부모를 사랑하는 리가 있고, 부모를 사랑하는 마음이 없으면 부모를 사랑하는 리도 없다"(『전습록』「중」)고 하였는데, 이 역시 맹자와 상산이 긍정한 심즉리의 또 다른 표현에 불과하다.

심즉리이기 때문에 자신의 순선한 도덕의지가 판단한 도덕실천 방향이 곧 리이다. 이에 관하여 상산은 다음과 같이 말한다.

부모를 사랑하는 것은 이 리이고, 형을 공경하는 것은 이 리이며, 어린아이가 우물 안으로 빠지려고 하는 것을 보고 측은한 마음이 드는 것은 이 리이다. 마땅히 부끄러워야 할 일에 부끄러워하고 마땅히 싫어해야 할 일을 싫어하는 것은 이 리이다. 옳은 것을 옳다고 하고 그른 것을 그르다고 하는 것은 이 리이다. 마땅히 사양해야 할 때에 겸손해 하는 것은 이 리이다. _『상산전집』「권1」

부모를 사랑하는 마음을 표현할 때 효의 리가 현현된다. 때문에 심이 곧 효리孝理인 것이다. 측은지심은 인이라는 리이고, 수오지심은 의라는 리이다. 주자는 심과 성 및 정을 개념적으로 엄격하게 구분하여 측은지심과 수오지심은 정에 속하고, 인과 의는 리에 속하며, 심은 한편으로는 격물치지를 통하여 성과 연계하고, 그것을 근거로 다시 정과 연계되어 선한 도덕정감을 행위로 발현하게 한다.

반면 상산은 측은과 인, 수오와 의를 분리하지 않았다. 마땅히 인을 실현해야 할 때 심은 자발적으로 측은지심을 표현하고, 마땅히 의를 실현해야 할 때 수오지심을 표현한다. 측은지심과 수오지심을 떠나서 리가 따로 존재하는 것이 아니다. 상산은 "마땅히 너그럽고 온유해야 함을 표현해야 할 때에 자연스럽게 너그

럽고 온유하며, 마땅히 강하고 굳셈을 발현해야 할 때에 자연스럽게 강하고 굳셈을 발현한다"(『상산전집』「권34」)고 하였다. 상산이 말한 '마땅히(當)'는 당위론적인 가치를 의미하고, '자연스럽게(自)'는 자율 혹은 자발을 의미한다. 심은 응당 도덕가치를 발현해야 할 때에 자율적으로 가치(理)를 발현한다.

4
주자의 성즉리

양명의 심학은 공자의 인과 맹자의 심성 그리고 상산의 심즉리를 계승한 것이지만, 양명학 탄생에 절대적으로 영향을 끼친 것은 다름 아닌 주자의 성즉리이다. 즉 양명의 심학은 주자학에 대한 관심과 회의 그리고 비판을 여정으로 삼아 진행되었다. 따라서 양명학의 규모를 온전하게 파악하려면 주자가 말한 성즉리의 의미, 그리고 그것과 심즉리의 본질적 차이에 대한 이해가 전제되어야 한다.

"성이 곧 리이다"와 "심이 곧 리이다." 이 두 명제를 간략하게

'성즉리'와 '심즉리'로 표현한다. 성즉리와 심즉리의 문자적 차이는 성과 심이라는 단 한 글자의 차이다. 그러나 리학과 심학의 근본적 차이를 성즉리와 심즉리로 획분하는 것은 상당히 위험한 발상이다. 왜냐하면 리학에서는 오로지 성즉리만을 긍정하지만, 심학에서는 성즉리와 심즉리 그리고 심즉성 세 명제를 모두 긍정하기 때문이다. 리학과 심학에서 성과 리는 공통분모이고, 오로지 '심을 리로서 긍정할 것인가'의 여부가 문제의 핵심이다. 이 문제를 올바르게 파악하려면 먼저 중국유가철학에서 사용되고 있는 '심' 자의 다양한 의미를 이해하고 있어야 한다.

『설문해자』에 의하면, "심은 사람의 심장이다. 토土에 속하는 장기로 신체 중앙부분에 위치하고 있는 상형문자이다". '심' 자와 '성' 자 사이에 문자적 관련은 없다. 그러나 '성' 자와 '심' 자 사이에는 의미적 관련은 있다. 성과 심 두 문자는 모두 동일한 부部인 심忄을 공유하고 있다. 따라서 양자의 간접적인 관련성은 긍정할 수 있다. 먼저 『설문해자』의 해설을 근거로 '심' 자를 분석하면 다음 세 가지 의미로 해설할 수 있다.

첫째, 심은 사람이 태어나면서부터 갖추고 있는 선천적인 능력이다. 왜냐하면 심장이라는 장기는 생명 탄생과 동시에 갖추고 있기 때문에 심은 곧 선천적인 작용을 의미한다.

둘째, 심은 부단히 활동하는 존재이다. 만일 심장이 뛰지 않는다면 곧 죽음을 의미한다. 따라서 심장이라는 장기는 항상 활동해야 한다. 활동을 멈춘다면 생명이라고 할 수 없다. 중국 유가철학에서는 이러한 심장의 활동성으로부터 세 가지 작용을 도출한다. 하나는 정서적인 욕구와 외물에 대한 감응 작용이고, 다음은 무엇을 알려고 하는 인지 작용이며, 마지막으로 도덕가치에 대한 희열이다.

셋째, 심의 주재성이다. 심장이 중앙에 놓여 있다는 것은 심이 인간의 중심, 즉 인간 활동의 주재자임을 의미한다. 순자철학에서도 심은 육체를 주재할 수 있고, 스스로 명령을 내리고, 무엇을 금하게 할 수 있는 존재이기 때문에 천군天君이라고 칭한다. 심장과 심은 신체의 중앙에 놓여 있는 것으로, 이는 곧 심이 인간 행위에 대하여 주재의 역할을 담당하고 있음을 의미한다. 단지 심에 대하여 어떤 주재의 의미를 부여하는가의 차이만 있을 뿐이다. 인지와 지각 작용을 통한 준법의 주재 의미를 부여하는가? 아니면 법칙에 대한 심의 입법의 주재 의미를 부여하는가?

지금까지 유가철학에서 사용하고 있는 심의 의미는 크게 세 가지인데, 심의 문자적 의미에서 크게 벗어나지 않는다. 하나는 심을 도덕가치에 대하여 무조건적으로 희열을 드러내는 선의지로 인식하는 것인데, 대표자는 맹자와 육상산 그리고 왕양명이다. 다른 하나는 심을 객관적인 대상(사물과 사물의 理)에 대한 지각 작용으로 규정하는 것인데, 대표자는 순자와 주자이다. 순자와 주자철학에서 심의 지각 대상은 객관적인 유형의 사물이 아니라 도덕적인 예의와 성리이다. 마지막은 심을 정욕심으로 이해하는 것이다. 정욕심은 외물에 대한 감성의 욕구로서 도덕주체와 인지주체의 작용을 저해하는 원인이다. 따라서 극기克己와 함양찰식涵養察識의 대상이다.

심이 도덕주체이건 아니면 지각주체이건, 아니면 정욕심이건 관계없이 '심' 자에는 역동적인 동태성의 활동 의미가 모두 내재되어 있다. 따라서 심과 성 그리고 리를 동일한 일자로 인식한다는 것은 성과 리 역시 정태적인 존재 혹은 원리로 인식하지 않고 역동적인 실체 혹은 원리로 인식함을 의미한다. 반면 심과 성리를 일자로 간주하지 않는다는 것은 성리를 동태적인 실체 혹은 도리로 인식하지 않고 정태적인 존재와 법칙으로만 이해하고 있음을 반증한다. 리학의 성즉리와 심학의 심즉리 명제의 핵심적 차이는 바로 성리를 심과 일자화하여 역동적인 실체 혹은 법칙으로 인식하는가 여부에 있다.

본체(성리)를 동태적 실체로 규정하거나(심학-심즉리) 혹은 정태적 실체로 규정하면(리학-성즉리) 도덕론에서 어떤 차이가 발생하는가? 그것의 구체적인 차이는 수양공부론에서 발생한다. 본체의 역동성은 다름 아닌 본체 자체의 자각과 진동을 의미한다. 본체가 스스로 시비선악을 자각하고 자신의 도덕의지를 진동시켜 드러낸다면 시비선악에 대한 판단 작용과 선을 좋아하고 악을 싫어하는 호선오악 및 구체적인 행위로 선을 드러내고 악을 제거하는 위선거악의 동력을 외적인 대상에서 찾을 필요가 없고, 후천적인 학습을 통하여 누적할 필요도 없다. 오로지 역동적인 도덕실체의 본모습을 회복하고 그것을 계발하여 유지하고 있으면 '마땅히 도덕가치를 실현해야 할 때' 자발적으로 자신의 동력을 드러내 선악을 판단할 뿐만 아니라 선을 좋아하고 악을 혐오하는 정감을 표현할 것이다.

심즉리와 심즉성 그리고 성즉리를 동시에 긍정하는 심학에서처럼 심과 성 및 리를 일자로 인식하면, 주자가 주장하는 거경함양과 격물궁리 등의 공부는 필연적인 공부로 대두될 수 없다. 물론 불필요한 공부라고 치부할 수는 없지만 본질적 공부가 아닌 비본질적 공부일 뿐이다. 상산과 양명은 "본심을 발명하라(發明本心)"·"잃어버린 마음을 회복하라(求放心)"·"양지를 확충하라(致良知)" 등의 공부론을 제시한다. 심과 양지 모두 선악의 판단과 실현에 완전무결한 동력을 갖춘 실체이기 때문에 또 다른 조력자가 불필요한 것이다.

반면 주자의 도덕론에서는 오로지 성즉리만을 긍정하고 심즉리를 부정하기 때문에 주자가 긍정하는 도덕실체(性理)는 정태적인 존재이고 원리이다. 따라서 스스로 자각과 진동을 드러내 자신의 의지를 표현할 수 없다. 반드시 성리 자신 외에 어떤 것에 의지해야 한다. 주자는 성리 외에 심을 제시하였고, 방법론으로 거경함양과 격물치지를 제시하였다.

심은 성리가 아니기 때문에 도덕법칙과 방향을 스스로 결정할 수 없고, 또 감정의 표현을 주동적으로 중절中節하게 할 수 없다. 성리는 이미 표준으로서 심 밖에 주어져 있다. 심은 성리를 인식하여 그것을 표준으로 삼아 정감을 조절하고 주재해야 한다. 심이 성리를 인식하는 방법이 바로 격물치지이다.

또 심은 불완전자이기 때문에 쉽게 유혹에 교폐交蔽될 수 있다. 때문에 거경을 통하여 함양해야 한다. 주자철학에서 거경의 의미는 매우 복잡하게 사용된다. '경'의 일반적 의미는 외적인 정제엄숙整齊嚴肅이다. 『설문해자』에서도 엄숙으로 해설한다. '엄숙'의 의미는 다양하게 해설할 수 있다. 먼저 태도의 측면에서는 의복을 단정히 하고, 몸을 정결하게 간직하며, 마음을 경건하게 갖는 것 등이 이에 해당한다. 뿐만 아니라 제례의 의식에서 공경하고 삼가는 태도를 견지하면서 신의 강림을 기원하고, 정성을 모아 신에 나아가는 일종의 심리적 태도 역시 엄숙에 해당한다.

그러나 주자는 '경'에 대하여 "두려워하다(畏)"·"항상 깨어 있다(常惺惺)"·"마음을 하나로 하여 이곳저곳으로 흔들리지 않게 한다(主一無適)"·"마음을 하나로 한다(專一)"·"혼자만 아는 마음을 조심한다(愼獨)"·"순일한 마음이 단절되어서는 안 된다(無間斷)" 등의 다양한 의미를 부여한다. 이러한 모든 내적인 경 공부를 하나의 개념으로 포괄하면 '수렴收斂'으로 대표할 수 있다. 이처럼 정주학과 육왕학의 수양공부론에서 극명한 차이가 발생한 것은 바로 그들이 제시한 본체의 속성에 동태와 정태라는 차이가 있기 때문이다.

주자철학에서 성과 리는 일자적 관계이기 때문에 외연적 의미 차이만 있을 뿐 내용적으로는 동일하다. 반면 심과 리는 일자적 관계는 아니지만 양자가 서로 연계되지 않으면 주자의 도덕론은 단 한 걸음도 구체화될 수 없다. 따라서 비록 심과 리가 이질적 존재이지만, 양자는 서로가 서로를 필요로 하는 관계로 정립되어 있다. 주자철학에서 심과 리의 관계는 다음 세 측면으로 분석할 수 있다.

첫째, 주자철학에서 심은 기器(然)의 영역에 속한 존재(현상-형이하자)이다. 다시 말하면 심은 리기理氣의 합성으로 이루어진 현상계의 구체적인 존재물이다. 모든 현상계의 존재물에는 반드시 존재의 원리인 소이연지리所以然之理가 있기 마련이다. 주자의 심과 리는 바로 존재물과 존재 원리의 관계이다. 그러나 주자의 도덕론에서 존재물과 존재의 원리로서의 심과 리 관계는 별다른 의미를 갖지 못한다.

둘째, 주자의 도덕론에서 심과 리는 주객대립의 관계로 설정되어 있다. 심은 성리를 인식할 수 있는 주체(能知)이고, 리는 심의 인식 대상(所知)인 객체이다. 주자의 도덕론에서 수양공부론의 핵심은 격물치지인데, 격물치지는 다름 아닌 지각주체인 심과 지각 대상인 리의 구조와 결합에 관한 이론과 방법이다.

셋째, 도덕실천의 전 과정에서 보면, 심은 구체적으로 정감을 주재하여 선을 실현하는 존재이고, 리는 심이 정감을 주재함에 있어 제공되는 표준이다. 이것이 그 유명한 심통성정心統性情이다. 심은 격물궁리를 통하여 리(성)를 통합하고(心統性), 다시 통합한 리를 근거로 희로애락의 정감을 주재하고 중절하게 하여 구체적으로 선한 행위를 표현되게 한다(心統情).

이처럼 주자도덕론에서 심과 리가 서로 단절되면 도덕적 행위는 근본적으로 불가능하다. 따라서 주자의 모든 도덕이론은 '심과 리가 어떤 방식을 통하여 자연스럽게 결합되어 표현될 수 있을까'에 집중되어 있다. 그 방법론이 바로 거경함양과 격물치지(窮理)이다.

2

양명의 기상
그리고 학술의 완성 과정

필자는 양명을 '광狂의 철학자哲人'로 규정한다. 양명의 일생과 지향 그리고 양명 학술의 핵심인 치양지를 종합적으로 고려하여 판단할 때 가장 어울리는 기상이 바로 '광'인 것 같다.

'광자'는 어떤 유형의 사람을 지칭하는가? 문자적으로만 파악하면 '미치광이' 혹은 '고론준담高論峻談'을 일삼으면서 거침없는 삶을 사는 사람 등으로 해석할 수 있다. 『논어』에 '광'의 의미가 다양하게 사용되고 있지만 유가철학에서 긍정하는 진정한 광자는 『논어』에서 공자가 말한 "중행中行의 인품을 얻어 함께하지 못하면 반드시 광자狂者·견자狷者와 함께할 것이다. 광자는 진취적이고 견자는 (도덕적으로 올바르지 않은 일에 대해서는) 하지 않는 바가 있다"(『논어』「자로」)에서의 '진취적인 기상을 가진 사람'이다.

유가철학에서 긍정하는 가장 이상적인 인물은 '중행'이다. '중행'은 어떤 인물인가? 간단하게 말하면 『논어』에 출현하는 성인聖人·군자君子·대인大人·인자仁者와 동일한 인격의 소유자이다. 단지 '중행'이라는 표현은 원칙과 함께 방편을 잘 사용하는 사람을 강조한 것일 뿐이다. 시중時中 혹은 경권經權이라고도 하는데, '시

時'와 '권權'이라는 방편 그리고 '중中'과 '경經'이라는 원칙을 조금의 치우침도 없이 원만무애하게 원용하는 사람이 바로 중행이다.

공자는 견자를 '하지 않는 바가 있는(有所不爲)' 사람이라고 표현하였다. '하지 않는 바가 있다'는 말을 표면적으로만 보면 여러 의미로 해석할 수 있다. 하나는 도가류道家類에 속한 은자隱者의 행태를 의미한다. 은자는 공동체의 일에 관심이 없고 혼자서 은일자적隱逸自適하면서 자유롭게 사는 사람이다. 다른 하나는 '어떤 일에도 소극적으로 임한다'로 해석할 수 있다. 은자는 아니지만 태도가 적극적이지 않은 사람을 지칭할 수도 있다. 마지막으로는 '악을 실천하지 않으려는 강한 의지'로 해석할 수 있는데, 공자가 긍정하는 견자는 바로 이러한 유형의 사람이다. 즉 '하지 않는 바가 있다'는 것은 바로 '악한 일은 결코 하지 않는다'는 의미이다.

악한 일을 하지 않으려면 먼저 선에 대한 자각이 있어야 하고, 다음 원칙을 고수하면서 역경을 견딜 수 있는 강한 의지를 소유하고 있어야 한다. 즉 인에 대한 성찰과 자각 그리고 이를 상실하지 않으려는 존양存養의 공부가 수반되어야만 비로소 견자의 인품을 유지할 수 있다. 공자는 "禮가 아니면 보지 말고, 듣지 말며, 말하지 말고, 행동하지 말라"고 하였는데, 이것이 견자의 확고한 의지를 대변하는 설명이다.

반면 광자는 진취적인 기상을 가진 사람이다. 이는 자신의 도덕적 의지가 어떤 일에 대하여 선이라고 판단하면 어떤 역경이 있더라도 그것을 실천하려는 강한 도덕적 의지를 갖춘 사람이다. 후에 맹자는 "스스로 반성하여 자신의 행위가 의로움에 부합하지 않으면 비록 갈관박褐寬博(천민)이 쳐다볼지라도 어찌 두려워하지 않을 수 있겠는가? 그러나 스스로 반성하여 의로움에 합치한다면 비록 천만 사람의 앞이라도 나는 갈 것이다"(『맹자』 「공손추상」)고 하였는데, 이러한 군자의 태도가 바로 진정한 광자의 용기이다.

이처럼 유가철학에서 긍정하는 광자는 철저한 도덕적 판단과 의지를 자신 행동의 기초로 삼는다. 후에 사람들은 절도와 법도를 함부로 무시하면서 기탄없이 방자함을 표현하는 명사名士들의 언행을 '광'으로 오인하기도 하는데, 이는 그저 의미 없는 객기와 광기에 불과한 것으로, 공자·맹자·왕양명이 긍정한 '광'과는 거리가 멀다.

『논어』에도 양명의 '광'과 유사한 광자의 기상을 펼친 사람이 있는데, 자로子路와 증석曾晳이 이러한 유형에 속한 사람이다. 그렇지만 자로는 양명에 비해 '광'의 기상이 훨씬 거칠다. 때문에 『논어』에 공자의 자로의 거침(粗)에 대하여 질책한 곳이 상당수 출현한다. 또한 증석이 표현한 '광'은 약간 도가적 기풍이 있는 자유스러움이다. 비록 공자가 잠시 증석의 기상을 긍정하기도 하였지만(吾與點), 이에 대하여 증석이 우쭐해 하자 바로 유가 본래의 모습으로 돌아와 증석을 은유적으로 훈계한다.(『논어』「선진」) 증석의 '광' 역시 양명의 '광'과는 유사하지 않다.

양명도 소년시절에는 '자로와 유사한 거친 광' 그리고 '증석과 유사한 광'에 심취한 적도 있지만, 용장龍場에서 심즉리를 터득한 이후에 그는 '광'의 기상을 치양지라는 도덕형식에 의거하여 드러냈다. 필자는 양명이 표현한 '광'의 기상은 도덕실체에 대한 양명의 절실한 체득에서 비롯된 것이지만, 그것 외에도 그의 본래적 기질이 '광'의 성격을 상당히 풍부하게 함유하고 있었다고 생각한다. 그의 광자의 기상은 소년 시절 그가 지은 시詩에서부터 발산되기 시작하여 죽음을 맞이한 순간까지 광자의 기상을 유지한다.

이 장에서는 양명이 1472년에 태어나 1528년에 생을 마칠 때까지 일생 동안 그의 학문 성장의 과정을 심즉리를 터득하기 전까지의 세 차례의 변화를 먼저 다루고, 다음 심즉리에 대한 자각 이후 순숙의 과정을 역시 세 차례로 구분하여 해설할 것이다.

1
광자의 기상

양명이 드러낸 광자의 기상은 그의 총명한 예지와 함께 표현된다. 『연보』의 기록을 보면, 양명의 총명예지는 일반사람들과 확연하게 달랐던 것 같다. 왕양명은 조부(죽헌공)와 부친(용산공)이 모두 과거에 합격한 수재 집안에서 출생하였다. 『연보』 11세의 기록에 의하면, 양명의 부친(진사에 장원급제함)이 과거에 합격한 후에 가족을 북경으로 초대하자 양명 역시 조부를 따라 북경으로 가게 되었다. 조부는 도중에 금산사를 지나가다가 오랜 친구를 만나 주변의 경치를 감상하면서 시 한 수를 지으려고 시상에 깊게 잠겨 있었다. 그런데 뜻밖에도 옆에 있던 11살 어린나이의 양명이 먼저 시 한 수를 지었다.

한 점 주먹만한 금산을 집어 던져서
양주호 물속에 잠긴 하늘을 깨뜨려 볼까나?
묘고대 달빛에 취해 기대섰노라니,
어디선가 옥피리 소리가 잠든 용을 깨울 듯하네.

"한 점 주먹만한 금산을 집어 던져서 양주호 물속에 잠긴 하늘을 깨뜨려 보고자 한다"는 표현이 과연 11세 소년이 할 수 있는 것인가? 금산이라는 큰 산을 자신의 주먹크기로 묘사하면서, 그것으로써 양주호에 비친 천공의 하늘을 깨뜨려 보고자 한다. 또 "묘고대 달빛에 취해 기대섰노라니 어디선가 옥피리 소리가 잠든 용을 깨울 듯하네"라는 구절은 마치 세상의 어떤 재화나 명예 등 영욕에 물들지 않은 신선의 경지를 추구하는 것 같다.

양명 조부의 친구가 양명의 시를 보고서 깜짝 놀라면서 금산사 안의 건축물의 하나인 폐월산방蔽月山房이라는 시제를 주면서 다시 한 수 짓게 하자 주저 없이 다음과 같은 시를 지었다.

산이 가깝고 달이 먼 곳에 있으니
달이 작은 것 같아 산이 달보다 크다고 말하지만
하늘과 같은 큰 안목을 가진 사람이 있다면
달이 산보다 더욱 큼을 볼 수 있을 것이다.

이때 양명이 양지를 예설하지는 않았지만 하늘과 같은 큰 안목을 가진 사람이 자신이며, 양지가 곧 달과 같은 영명한 존재임을 암암리에 예시하고 있는 것 같다.

양명의 부친은 양명과 달리 상당히 엄격한 사람이었던 것 같다. 양명이 북경에 도착한 이후에도 자유분방한 성격을 지속적으로 드러내자 이 점을 크게 우려한 부친은 스승을 초빙하여 엄격하게 지도하면서 과거시험에 응시할 것을 종용하였지만, 당시 과거시험에 필요한 교과목과 그 내용들은 양명의 기상과 지향을 만족시켜 줄 수 없었다. 이 점은 양명과 그의 스승 간의 대화에서도 잘 드러난다. 하루는 양명이 자신의 스승에게 "이 세상에서 가장 뛰어난 일은 무엇입니까"라고 묻자 스승은 "독서에 매진하여 과거에 급제하는 일이다"라고 대답한다. 그러자 양명은 "과거에 합격하는 것이 이 세상에서 가장 뛰어난 일이 아닌 것 같다. 독서를 하는 것은 과거급제가 아니라 성현의 인품과 사업을 배우는 것일 뿐이다"라고 대답한다. 이 대화를 보면 스승보다 제자인 양명의 인품과 기상이 오히려 높고 청명함을 알 수 있다.

또 양명은 이러한 광자의 기개와 함께 상당히 약동적이고 집착적인 기질의 소유자였던 것 같다. 이러한 기질은 젊은 시절에 다양한 형태로 표현된다. 15세 때는 북방의 거용삼관居庸三關을 유람하면서 영웅호걸들의 발자취를 보고 천하를 경략經略하고픈 의지를 드러내기도 하였고, 북방의 오랑캐들이 거주하고 있는 마을과 부족을 탐문하면서 변방의 지리 형세를 상세하게 관찰하는 병법

가로서의 면모를 보이기도 한다.

　17세에 결혼을 하였는데, 결혼한 날 밖으로 나와 이곳저곳 다니다가 철주궁鐵柱宮이라는 도교사원에 들어가 양생술을 연마하고 있는 도사를 만나 그와 담론하다가 그만 초야를 신부와 함께하지 못하기도 하였다. 그의 장인이 아침에 양명이 귀가하지 않은 것을 알고서 사람을 풀어서 이곳저곳 탐문하여 겨우 찾을 수 있었다고 한다. 양명은 어떤 일에 심취하면 다른 것은 잊어버리는 몰입과 열정을 가진 사람이었다.

　결혼 다음 해 신부와 함께 고향으로 돌아오는 도중에 당시의 대학자인 루량婁諒을 배알하고서 "성현의 인격은 배워 이를 수 있는 경지이다"는 가르침을 받았다. 이 교훈은 후에 양명의 인격과 학문 완성에 지대한 영향을 준다. 양명은 용장에서 심즉리를 깨우치기 전까지 수많은 시행착오를 거친다. 이때 양명에게 닥친 최대 번민의 소재는 바로 주자철학을 굳게 신뢰하고서 따랐지만, 아무런 소득이 없자 '성현의 인격은 운명적으로 주어지는 것이 아닌가' 하는 의문이었다. 이러한 의문과 회의가 들 때마다 "성현의 인격은 배워 이를 수 있는 경지이다"는 루량의 가르침은 양명에게는 더없는 원군이었다.

　이상은 양명이 용장에서 심즉리를 터득하기 이전에 표현한 거친 광자의 기개이다. 그 후 양명은 전삼변前三變과 후삼변後三變의 학문 순숙 과정을 거치면서 치양지와 함께 광자의 기상을 표현한다. 이때 양명은 비로소 공자가 긍정한 진취적이면서도 자신의 부족함에 솔직하게 성찰하는 도덕적인 광자로 변모된다. 양명은 당시 영번寧藩이었던 신호宸濠가 난을 일으키자 의병을 일으켜 난을 진압하였다. 그러나 이에 대한 왕실의 대응은 실망스러웠고, 양명의 공적에 대하여 조야의 평 역시 칭송보다는 비방이 많았다. 이에 대하여 양명의 제자들은 그 원인을 양명에게서 찾지 않고 다른 사람들에게서 찾자 양명은 다음과 같은 취지로 말한다.

제군들의 말도 모두 일리는 있다. 그러나 내가 스스로 알고 있는 일에 대해서 제군들은 언급하지 않았다. 여러 제자들이 그것이 무엇인지를 묻자, 선생은 "내가 남경에 오기 전에 나에게는 약간의 향원의 경향이 있었다. 그러나 지금은 양지에 대하여 완전한 신념을 갖게 되어 모든 것을 양지의 판단에 따라서 시비를 결정하고, 또 이 판단을 그대로 실천하면서 다시는 약간이라도 덮어 감추려고 하지 않았다. 나는 지금에 와서야 비로소 광자의 심경을 가지게 되었다. 천하 사람들이 모두 나의 행동이 말과 합치하지 않는다고 말하더라도 그렇게 말하게 둘 뿐이다"라고 말하였다. 상겸이라는 제자가 "이 양지에 완전한 신념을 갖는다는 것은 바로 성현이 진정한 혈맥을 파악하였다는 것이다"고 말하였다. _『전습록』「하」

향원鄕愿은 이중인격자를 지칭한다.[03] 양명이 스스로 자신이 향원의 경향이 있었다고 자인한 것은 양명이 자신의 양지를 약간이라도 속였다는 것을 의미한다. 이제는 모든 것은 자신의 양지 판단에 따라서 처리하니 설령 천하 사람들이 자신을 알아주지 않는다고 할지라도 양지가 스스로 떳떳하다고 판단한다면 세속의 평가에 연연하지 않는다. 이것이 바로 이전에 보였던 거친 광자의 기상과 다른 점이고, 약간의 이중성을 보였던 이전의 광자와도 다른 점이다.

또 양명은 '문수대에 올라 밤에 불등을 보다(文殊臺夜觀佛燈)'라는 시 한 수를 지었는데, 내용이 전형적인 광자 기상이다.

---

[03] 향원은 『논어』에 출현한 말인데, 공자를 시작으로 유가학자들은 이중인격자인 향원에 대해서 지극히 비판적인 태도를 취한다. 일반적으로 악한 사람은 악한 품성이 인상이나 행위로 나타나기 때문에 쉽게 분별할 수 있지만 향원과 같은 이중인격자는 외모만을 보면 성인보다도 더욱 성인처럼 보이기 때문에 쉽게 속을 수 있다. 이것이 바로 유학자들이 향원을 배척한 근본 이유이다.

노부가 높은 문수대에 누워 있다가
지팡이 짚고 밤에 푸른 하늘의 관문을 두드려 열었네
별빛이 쏟아져 평야에 가득하니
산승들이 모두 불등이 내려왔다 말하네.

"지팡이로 푸른 하늘의 관문을 두드린다"는 구절이야말로 광자의 거침없는 기상을 표현한 것이다. "별들을 평야에 쏟아지게 하니 산승들이 이를 불등이라고 한다"는 구절은 범속을 초탈한 광자의 기상이다. 이처럼 양명은 50대에 이르러 양지의 주재에 의한 도덕적 광자 경지를 초연하게 드러냈지만, 결코 광자에 안주하지 않았다. 그는 부단한 정진을 통하여 성인의 경지인 중행의 인품을 지속적으로 추구하였다.

양명은 나이 57세 11월 25일 강서江西 남안南安의 청룡포青龍浦에서 임종하였다. 이때 제자들이 양명에게 유언을 묻자 "나의 마음이 광명한데 또다시 무슨 유언이 필요하겠는가"라고 대답하였다고 한다. 양명은 참으로 마지막까지 광자의 기품을 잃지 않은 철학자였다.

2
용장에서 심즉리를 터득하기 이전의 세 차례 변화前三變

양명의 심즉리 철학은 그의 나이 37세에 용장에서 귀양생활 중 새벽에 홀연히 "성인의 도는 나의 본성에 갖추어져 있다. 이를 사물에서 구하려고 하는 것은 잘못이다"라는 점을 깨달은 것에서 부터 시작되었다고 한다. 이것을 일반적으로 용장오도龍場悟道라고 칭한다.

그러나 용장오도는 결코 우연히 이루어진 깨달음이 아니다. 양명은 당시 일반 사대부들처럼 과거시험에 매진하였지만 그것이 성현의 학문과 본질적 관련이 있는가에 대하여 회의감이 들어 방황하였고, 주자철학에 관련된 문헌을 읽고 격물궁리에 종사하였지만, 결국은 궁리에 실패하여 실의에 빠지기도 하였으며, 노장과 불가의 사상에 심취하여 양생술과 허정虛靜의 술術을 연마하기도 하였고, 또 정계에 진출해서는 당시의 실권자인 환관 유근劉瑾을 탄핵하였지만 도리어 역공을 당해 곤장을 얻어맞고 귀주 용장이라는 곳으로 쫓겨나 온갖 고초를 감내하면서 비로소 심즉리를 터득하였다. 『명유학안』에는 용장오도까지의 과정을 다음과 같이 소개하고 있다.

양명의 학문은 시문詩文 등의 사장詞章을 두루 보는 것으로부터 시작되었다. 이어서 주자(考亭)철학과 관련된 서적을 열심히 읽고서 (주자가 제시한) 격물의 순서에 따라서 궁리를 하였다. 그러나 아무리 생각해 봐도 주자의 격물궁리는 사물의 이치(物理)와 나의 마음이 결국은 둘이 되어 아무런 깨달음도 얻지 못하였다. 그런 후에 오랫동안 불교와 도가의 학문에 출입하였다. 그 뒤 묘이족이 거주하는 용장에서 어려운 상황에 처해서는 마음을 굳건히 하고, '만약 성인이 이러한 어려움에 처했다면 다른 방법이 있겠는가'라고 생각하자, 홀연히 격물치지의 종지를 깨닫게 되었다. 성인의 도는 나의 본성에 본래 갖추어져 있기 때문에 밖에서 구할 필요가 없다. 그의 학문은 무릇 세 차례 변하면서(三變) 비로소 성인의 학문에 입문하게 되었다.

『명유학안』에서는 양명이 심즉리를 터득하기 전에 세 차례의 변화(三變)가 있었다고 한다. 하나는 과거에 뜻을 두고서 시문 등의 사장을 두루 섭렵한 것이고, 다음은 불교와 도교의 양생술 등에 심취되어 상당히 오랜 기간 도불道佛의 사상에 출입한 것이며,

마지막이 용장에서 귀양 생활하면서 드디어 주자처럼 내 마음 밖에서 리를 찾지 않고 자신의 마음에서 도리를 찾아야 함을 깨달은 용장오도이다. 이러한 세 차례의 변화는 동일 성질 학문에서의 진보가 아니라 이질적인 학문, 즉 취향이 서로 다른 학문의 변화이다. 이것을 일반적으로 전삼변前三變이라고 칭한다.

우리는 전삼변에서 한 가지 점에 관하여 주의를 해야 한다. 그것은 바로 양명이 비록 시문 등의 사장과 도불의 학문에 관심을 가졌지만, 그것은 대부분 주자철학에 대한 회의에서 비롯된 것이다. 다시 말하면 양명은 처음부터 맹자나 상산의 심학에서 유학의 근본 취지를 찾지 않고 당시 명 중기 성리학의 큰 줄기(大宗)인 주자학에서 성인 학문의 본질을 찾으려고 하였다. 그러나 주자학에서 자신의 의식구조와 교집합을 이루는 성분을 찾지 못하자 도가와 불가 등을 출입하면서 방황하였고, 결국 용장에서 성인학문 종지와 강령을 찾았는데 그것은 바로 "성인의 도는 나의 본성에 본래 갖추어져 있기 때문에 밖에서 구할 필요가 없다"는 것이다. 이곳에서 본성이라고 하였지만, 이 본성은 주자가 긍정한 성즉리의 본성이 아니라 '나의 마음'과 일자인 심즉성心卽性의 성이다. 다시 말하면 도는 나의 심 밖에서 격물의 방법을 통하여 찾는 것이 아니라 나의 본성과 본심에 충족되게 갖추어져 있기 때문에 안으로 수렴하면서 한순간의 경책警責을 통하여 그 자리에서 현현되는 도리를 깨닫는 것이다.

양명은 부친(용산공)처럼 일찍이(21세) 지방의 과거시험(향시)에 합격한다. 그러나 그의 취향은 그의 스승과 대화에서 "과거에 합격하는 것이 이 세상에서 가장 뛰어난 일이 아닌 것 같다. 독서를 하는 것은 과거급제가 아니라 성현의 인품과 사업을 배우는 것일 뿐이다"라는 대답에서 알 수 있듯이 관계의 진출보다는 성현의 학문을 성취하는 것이었다. 그리하여 당시 성리학의 주류인 주자철학에 관련된 서적을 두루 살피면서 특히 격물궁리에 지대한 관심을 가졌다. 주자에 의하면, 천지의 모든 사물은 반드시 그 사물이 그 사물로서 존재할 수 있게 하는 소이연지리所以然之理(존재의 원리)와 소이연지리에 부합하는 소당연지칙所當然之則(행위의 규범)을 갖추고 있다. 소이연지리와 소당연지칙은 사람과 사람 사이에만 있는 것이 아니라 풀과 나무 등과 사람 사이에도 있다. 때문에 양명은 친구와 함께 대나무를 격格(接)하면서 대나무의 소이연지리와 대나무에 대한 자신의 소당연지칙을 규명하려고 하였다.

주자가 말한 격물의 격格 의미는 여러 가지가 있다. 본래 '격'은 제사를 지낼 때 '신이 강림한다'는 '강降'의 의미이다. 강림으로부터 '온다'는 래來의 의미가 도출되었고, '온다'로부터 다시 '도착한다'의 지至의 의미가 도출되었으며, 도착하면 '제사를 지내는 사람과 만난다'는 접接의 의미까지 확장되었다. 따라서 주자가 말한 격물치지 혹은 격물궁리에서 격은 '접촉接神'[04]의 의미이다.

양명이 대나무를 '격'한 것이 원칙상 별다른 문제가 없는 것처럼 보이지만 사실 양명이 대나무를 '격'한 것은 주자 격물궁리의 본의를 올바르게 파악하지 못한 무모한 시도였다. 주자는 결코 격물궁리를 대나무와 같은 사물에서 먼저 추구하라고 하지 않았다. 주자는 먼저 부모 형제 등의 가족 더 나아가 일가친척 그리고 주변 이웃 등으로 점차 확대하면서 천지만물에 이르고자 한 것이다.

또한 주자의 격물궁리는 사물에 내재되어 있는 그 사물의 특수한 물리가 아니라 사물의 존재가치원리(소이연지리)를 올바르게 인식하고서 그것에 따라서 사물과 자신 사이에 마땅히 어떤 당위의 규범이 있는가를 규명하여 그것에 따라서 사물과 자신의 관계를 조화롭게 도모하는 것이다. 당시 양명은 이러한 주자의 격

이곳에서 필자는 '격'의 문자적 의미만을 해설하였다. 주자철학에서 '격' 자에는 분명 접촉의 의미가 있지만, 그것과 함께 '궁구하다'의 궁리(窮理)와 '앎이 지극한 경지에 이르다'의 지지(知至)의 의미까지 포함되어 있다.

물궁리의 참뜻을 올바르게 인식하지 못하였다.

양명은 친구와 함께 '격'하였지만, 친구는 3일 만에 병을 얻었고, 양명은 굳센 의지로 7일까지 지속하였지만 결국 대나무의 리를 궁리하지 못하고 병으로 몸져 누워 버렸다. 이때 양명이 가진 번민은 두 가지였다. 하나는 자기가 주자의 격물 학설을 올바르게 이해하지 못한 것인가? 다른 하나는 주자의 격물궁리설이 본래 문제가 있는 것인가? 그래서 그는 아마 성현은 단지 하늘에서 정해 준 특수한 일부 사람에게만 가능한 일일 뿐 자신과 같은 일반사람들에게는 가능한 일이 아니라고 생각하게 되었다. 일종의 자포자기였다. 이러한 자포자기의 심정에서 양명은 하나의 돌파구를 찾으려고 하였는데, 그것은 바로 자신의 천부적 재능과 관련 있는 세속의 시문 등의 사장을 탐독하는 것이었다. 『연보』를 보면 사장에 심취한 시기는 약 6년 동안 지속된 것 같다.

22세에 양명은 중앙의 회시會試에 도전하였지만 낙방하였고, 3년 후에 다시 도전하였지만 또 낙방하고 말았다. 당시 양명의 친구도 낙방하였는데, 그 친구가 과거에 낙방한 것에 대하여 수치심을 드러내자 양명은 의연하게 "세상 사람들은 낙방한 사실을 부끄럽게 생각하지만 나는 낙방하여 마음이 흔들렸다는 사실을 부끄럽게 생각한다"고 하면서 친구를 위로하였다. 이것 역시 전형적인 광자의 기상이다.

양명은 철학자였지만 시문에도 상당한 재능을 보였다. 지금까지 전해지고 있는 시가 600수가 넘는다. 주자의 1천 400수에는 미치지 못하지만 대단한 시작 활동이다. 그는 고향에 돌아와서 시 동우회를 조직하기도 하였고, 진사에 급제한 후(28세)에는 관리로서 정무에도 충실하였지만, 당시의 유명한 시인들과 교류하면서 활발한 시작을 하였다. 교우喬宇·왕준汪俊·이몽양李夢陽·하경명何景明·고린顧璘·서정경徐禎卿·변공邊貢 등이 당시에 양명과 교류한 시인들이다. 그중 이몽양과 하경명은 각각 당시 시단을 대표하는 가장 걸출한 시인 중의 하나였다.

그러나 시문 등의 사장에 관한 양명의 활동은 약동하는 그의 생명, 즉 성현의 인격을 지향하는 도덕생명의 취향을 만족시킬 수 없었다. 이때 양명이 다시 접촉한 것은 다름 아닌 주자의 거경과 격물설이었다. 주자는 격물치지궁리의 전제조건으로서 거경을 제시하였다. '경敬'은 마음이 이곳저곳으로 흔들리지 않게 잡아 두는 것이고, 마음의 청명함을 유지하는 수양공부이다. 그리고 주자는 사물에 직접 나아가 궁리할 것을 주장하기도 하지만, 경전을 통한 독서가 가장 요긴하다는 점도 강조한다. 따라서 양명은 거경과 격물궁리를 병행하면서 주자학에 몰입하였다. 확실히 이전에 비해서 약간의 진척이 있었지만, 본질적인 효과는 거두지 못했다. 당시 그는 주자학에 종사하였지만, 주자학의 가장 큰 문제는 자신의 마음과 물리가 둘로 나눠져 하나가 되지 못한다는 의구심이었다. 그는 주자학에 더 이상 들어가지 못하고 또다시 성현의 학문은 소수의 정해진 사람만이 가능하다는 자포자기의 병폐가 도져 도가와 불가에 출입하면서 양생술 등에 관심을 갖는다.

『연보』의 기록에 의하면, 이 시기 양명의 도가와 불가 사상 출입에서 양명이 비교적 관심을 두었던 것은 도가와 불가사상의 본질적 핵심에 관한 것보다는 양생술과 앞을 내다볼 수 있는 선지先知의 능력을 함양하는 것이었다. 양명이 30세에 구화산九華山에서 도인과 기인을 만났던 일화 그리고 31세에 병가를 내어 지금의 절강성 소흥으로 내려와 양명동陽明洞에서 도교의 수련 공부를 정식으로 시작하여 선지先知의 능력을 함양하였다는 기록 등이 바로 이 점을 대변해 주고 있다. 그러나 이러한 양생과 선지의 능력 역시 양명의 마음속에 줄곧 내재되어 있는 성현의 인격 추구라는 지향을 꺾을 수 없었다.

이 기간 동안에 양명이 절실하게 터득한 것은 부모에 대한 사랑이야말로 끊을 수 없는 선천적인 본정으로서, 이것을 단절한다면 그것은 곧 자신의 본성을 끊는 것과 동일하다는 도덕적 신념이었다. 이러한 양명의 도덕적 신념은 도가와 불가로부터 탈출의 실마리였고, 용장에서 도를 터득할 수 있었던 근본 배양이 된다. 이것과 연관된 것으로 재미있는 일화가 있다.

양명의 나이 32세 때, 양명은 어떤 절에서 한 스님이 폐관면벽閉關面壁의 수도를 하고 있는데, 3년 동안 어떤 말도 하지 않고 눈도 뜨지 않았다는 소문을 들었다. 많은 사람들이 이 기이한 스님을 보려고 장사진을 이루고 있는데, 양명이 몰래 그 스님에게 다가가서 갑자기 큰소리로 소리쳤다.

"이 땡초야 너는 무슨 할 말이 그리 많아서 하루 종일 입을 다물지 않고 떠들어 대고, 무슨 볼거리가 있어 한 번도 눈을 감지 않고 두리번거리는가?"

그러자 그 스님이 속으로 깜짝 놀라면서,

"내가 삼 년 동안 한 마디의 말도 하지 않고, 눈도 뜨지 않았는데, 오히려 하루 종일 떠든다고 하고 눈을 두리번거리면서 무엇을 본다고 하니 이 사람이야말로 이상한 사람이네."

라고 생각하면서 자기도 모르게 그만 눈을 뜨고 양명과 대화를 하였다. 다음은 양명과 스님의 대화이다.

"고향에는 누가 계신가?"
"늙은 어머니가 계신다."
"보고 싶지 않은가?"
"어찌 보고 싶지 않겠는가?"
"부모를 사랑하고 그리워하는 마음은 선천적인 본성에서 나온 것인데. 폐관면벽하면서 눈을 감고 입을 막는다고 해서 그것이 끊어지는 것이 아니다. 그것을 끊으려고 하는 것이 바로 집착이다."

양명과 대화 이후 그 스님은 눈물을 흘리고서 다음날 수도를 그만두고서 집으로 돌아갔다고 한다. 이 일화에서 우리는 양명이 이미 도가와 불가가 성현의 학문과 이질적이고, 본인의 취향에서 벗어난 것임을 이미 자각하였음을 발견할 수 있다.

양명이 37세에 용장에서 심즉리의 도를 터득하지만 이는 결코 우연이 아니다. 양명은 이미 주자학에 대하여 심과 리가 둘로 나뉘져 합해지지 않는다는 점을 인지하기 시작하였고, 도가와 불가의 취지가 자신이 추구하는 성인의 도와 괴리되었음도 충분히 자각한 상태였다. 양명에게는 심즉리를 돈오할 수 있는 하나의 기연機緣만이 필요했다. 그 기연은 양명에게는 고난이었기 때문에 심즉리에 대한 돈오가 더욱 드라마틱하게 보인 것일 뿐이다.

양명의 용장오도는 당시의 정치적 상황과 매우 밀접한 관련이 있다. 중국은 원래 한대의 십상시十常侍 이래로 환관들이 정치에 관여한 경우가 매우 많았다. 명 왕조를 건국한 주원장은 이러한 폐단을 너무나도 잘 알고 있었기 때문에 집권 초기에 환관들의 정치 관여를 철저하게 금지하였다. 그러나 영락제가 조카(2대 황제 건문제)를 몰아내고 집권하자 영락제 집권에 도움을 준 환관들에게 정치 참여를 허용하면서부터 명 왕조에 암운이 깃들기 시작하였다. 당시 환관들의 주요 정치 활동은 동창東廠이라는 정보기관을 통하여 이루어졌는데 나중에는 동창도 부족하여 서창과 내행창內行廠이 창설되어 모든 조정 관리들의 행동을 감시하였다. 동창과 서창 그리고 내행창은 양명 당시의 유근劉瑾(1451-1510)이라는 환관 시대에 가장 활성화되었는데, 지금 우리나라의 행정기관으로 비유하면 국정원과 기무사라고 할 수 있다.

양명의 나이 35세 때 무종武宗(주후조)이 즉위하였는데, 무종은 명 왕조 역대 황제 중에 가장 무능한 황제 중의 한 사람이었다. 그는 소년시절에는 학문을 좋아했고 특히 불교에 대한 관심이 대단하여 상당한 경지에 이르렀다고 한다. 그러나 황제가 되자마자 방탕한 생활에 빠지게 되었는데, 그렇게 된 것에는 유근의 역할이 컸던 것 같다. 무종 시기에 유육과 유칠의 난이 일어났는데, 이는 유근의 부하가 유근을 믿고 가혹하게 농민들을 쥐어짜다 일어난 결과였다.

또 무종은 궁중의 여인들은 물론이고 일반 가정집 여인들을 탐하기를 좋아하였는데, 환관들이 이에 적극 동조하면서 무종의 방탕은 끝이 없었다. 또 스스로 자신의 이름을 주수朱壽로 개명하고서 그 이름에 스스로 대장군의 직위를 내렸다. 그는 아무런 군사적 지식도 없는 사람이었지만 군대를 동원하기를 좋아하였다고 한다. 그가 군대를 이끌고 갈 때면 주후조라는 이름을 사용하지 않고 주수라는 이름을 사용하였다. 또 주수라는 이름으로 주후조인 황제에게 글을 올리기도 하였고, 황제의 이름으로 주수에게 상을 내리기도 하였다. 자신이 자신에게 글을 올리고, 자신이 자신에게 상을 내린 것이다. 즉 혼자 왕 노릇 하고 혼자 대장군 노릇을 한 것이다. 이 얼마나 황당한 일인가? 엉뚱한 황제라고 치부하기도 어려울 것 같다.

더욱 재미있는 것은 당시 번진이었던 영왕 신호라는 사람이 반란을 일으키자 왕양명이 홀로 의병을 조직하여 신호를 생포하였는데, 무종은 자기가 직접 신호를 잡아야 한다고 하면서 신호를 파양호에 풀어놓게 하였다. 그리고서 친히 자기가 병선을 이끌고 가서 신호를 생포하는 촌극을 벌이기도 하였다. 그러나 신호를 잡고 돌아오는 길에 뱃놀이를 하다가 호수에 빠졌는데 얼마나 놀랐는지 그 후유증으로 병을 얻어 곧 죽고 만다. 인과응보가 따로 없다.

이러한 무종에 대해서는 혼군 혹은 암군이라는 평가가 지배적이다. 그런데 그가 통치하던 시기에 큰 변고는 발생하지 않았다. 왜냐하면 무종을 보필한 이동양李東陽(1447-1516)과 양정화楊廷和(1459-1529)같은 명 재상 때문이었다. 이처럼 명재상을 등용한 것을 보면 그가 완전히 암군은 아니었던 것 같다. 단지 놀기를 지나치게 좋아한 것은 사실이다.

무종의 즉위와 함께 명 왕조의 실권은 유근 등의 환관들이 장악하였다. 당시 남경의 감찰어사였던 대선戴銑 등이 유근 섭정의 부당함에 대하여 상소를 올리자 오히려 환관들은 황제의 명을 내세워 그들을 추포하였다. 양명은 이러한 상황에 비분강개悲憤慷慨하면서 상소를 올렸지만 환관들에게 체포되어 곤장 40대를 맞고 혼절하였다가 소생하였다. 그 뒤 귀주貴州의 용장이란 곳의 역승驛丞으로 귀양에 처해졌다. 그러나 유근 일파는 양명의 귀양길을 절대 방관하지 않았다. 자객을 파견하여 양명을 죽이려고 하였지만, 양명은 강으로 뛰어들어 겨우 목숨을 보전하여 용장에 도착하였다. 당시 나이가 37세였다.

용장은 지금 귀주 수문현修文縣에 속한 지역이다. 한족보다는 묘이족이 더 많이 살고 있어 그들과 언어도 통하지 않았다. 양명을 따라 온 종들이 있었지만, 양명보다 그들이 먼저 지쳐 병석에 눕고 말았다. 양명은 그들을 위하여 밥을 짓기도 하였고, 또 부채를 부쳐 주고 노래를 부르면서 그들의 쾌유를 빌었다. 이때 양명에게는 생사 등과 같은 세속적인 일은 이미 안중에 없었다. 때문에 그는 특별히 석관을 하나 만들어 놓고 "나는 단지 운명을 기다릴 뿐이다(吾惟俟命而已)"라는 일념으로서 마음속의 모든 것을 비웠다. 마음을 비우고, 마음속에 있는 모든 세속의 일을 내려놓자 마음에서 광명의 빛이 발현하기 시작하였다.

그러던 중에 동굴 속에서 정좌를 하고서 '만약 성인이 나와 같은 상황에 처했다면 어떻게 할 것인가? 나와 다른 좋은 방법이 있겠는가? 아마 나와 같이 이렇게 할 수밖에 없을 것이다'라고 생각하면서 정진하였다. 그날 밤에 양명은 홀연히 "성인의 도는 나의 본성에 갖추어져 있다. 리를 사물에서 구하려고 하는 것은 잘못이다"라는 성리학의 진리를 깨달았다. 리를 사물에서 추구하지

않는다는 것은 바로 주자학의 격물궁리 전통에서 양명이 완전히
벗어났음을 의미한 것이다. 사물의 리가 나의 마음 안에 선천적
으로 내재되어 있기 때문에 "사서오경에서 말하고 있는 진리는
사실은 나의 심체心體를 말한 것에 불과한 것이다." 양명 이전에
육상산 역시 "육경은 모두 나의 주석이다(六經皆我註脚)"라고 말하였
는데, 이것 역시 심과 리를 일자화한 심학의 가장 보편적인 언설
이다.

3
심즉리 정립 이후 순숙의 과정後三變

『명유학안』에서 후삼변에 관하여 다음과 같이 설명하고 있다.

용장에서 심즉리의 도를 터득한 이후 본질과 관련이 없는 것들은
모두 버리고 오로지 심이라는 본원을 밝히는 것에만 전념하였다.
처음에는 고요히 앉아(黙坐) 심을 밝혀 드러내는 것을 학문의 방법
으로 삼았다. 왜냐하면 미발未發의 중中을 잘 밝혀 간직하고 있어야

만 비로소 그것이 발현하여 도리에 부합하는 화和가 있을 수 있기 때문이다. 보고, 듣고, 말하고, 움직임에 있어서 대부분 안으로 간직하는 수렴을 위주로 하였고, 그것을 드러내는 발산은 부득이한 경우에만 하였다. 50세 이후 강서江西에 돌아온 이후에는 오로지 치양지 석자만을 주장하였다. 고요히 본체를 자각하여 드러냄에 있어서는 정좌의 방법에 의지할 필요가 없이도 심은 자연스럽게 자신을 드러내게 되었고, 후천적으로 학습하고 생각하지 않아도 표현하는 것마다 모두 천리였다. 내 마음의 양지가 곧 미발의 중이고, 이 양지의 앞에 또 다른 미발未發이라는 것은 없다. 양지가 곧 발현하여 중절하는 화이다. 이 양지 후에 또 다른 이발已發이라는 것은 없다. 이 양지는 스스로 자신을 안으로 수렴하기 때문에 다시는 수렴에 주력할 필요가 없다. 또한 이 양지는 스스로 발산하므로 다시는 발산을 기다릴 필요가 없다. 수렴은 감응하는 체體이고, 고요함 속의 움직임이다. 발산은 적연寂然의 쓰임이고, 움직임 속의 고요함이다. 앎(知)의 확실함과 독실함이 곧 실천(行)이고, 실천의 분명함과 자세함 그리고 정확함이 곧 앎이므로 앎과 실천은 서로 다른 것이 아니다. 월越에 거주한 이후에 이미 깨달아 간직한 바를 더욱 원숙히 하고, 체득한 바를 더욱 승화시켰다. 언제라도 시비를 스스로 분별하고, 또 언제라도 시시비비是是非非의 대립을 초월하였다. 입을 열어 말하는 것마다 본심의 발현이므로 따로 다른 것에 의지할 필요가 없었다. 이는 마치 태양이 하늘에서 모든 만물만상을 비추는 것과 같았다. 이것이 학문이 완성된 이후 있었던 세 차례의 변화이다.(後三變)

앞의 전삼변이 서로 다른 내용과 학문의 이질적 변화였다면, 후삼변은 용장에서 득도한 이후 그 깨우침을 원숙하게 하고, 학문의 체계를 정묘하게 구성하는 동질적인 발전, 즉 동일계통의 원숙과 완성의 과정이라고 할 수 있다. 물론 약간의 차이는 있다. "처음에는 고요히 앉아(默坐) 심을 밝혀 드러내는 것을 학문의 방법으로 삼았다." 이때는 본체를 자각하고 이를 온전하게 보전하는 데 진력한 시기이다.

다음은 50세 이후 치양지의 단계이다. 양명은 전단계에서 지행합일을 제창하였는데, 50세 이후에는 오로지 치양지만을 주장할 뿐 지행합일을 강조하지 않았다. 왜냐하면 치양지의 과정에서 지와 행은 필연적으로 합일되기 때문이다. 다시 말하면 치양지가 이루어지면 지행합일은 자연스럽게 도출되기 때문이다. 때문에 "앎(知)의 확실함과 독실함이 곧 실천(行)이고, 실천의 분명함과 자세함 그리고 정확함이 곧 앎이므로 앎과 실천은 서로 다른 것이 아니다"라고 한 것이다.

마지막 단계는 양명의 도덕경지가 공자의 70세 경지인 "내 마음대로 하여도 도덕법칙을 위배하지 않았다"에 이른 것이다. "언제라도 시비를 스스로 분별하고, 또 언제라도 시시비비의 대립을 초월하였다. 입을 열어 말하는 것마다 본심의 발현이므로 따로 다른 것에 의지할 필요가 없었다"는 것은 바로 양명의 인격이 원만무애의 원숙 경지에 이르렀음을 나타내고 있다.

양명이 37세에 용장에서 심즉리를 터득하였지만, 그간의 역정은 참으로 고난의 연속이었다. 때문에 비록 모든 도리가 자신의 본성과 본심 밖에 따로 존재하지 않고 심성에 본래 온전하게 갖추어져 있다는 점을 확연하게 체득하여 정신은 밝게 빛났지만 육체적 건강 상태는 마치 큰 수술을 마친 환자처럼 탈진한 상태였다. 이러한 시기에 심즉리에 대한 깨달음을 근거로 곧바로 실천에 종사한다면 자칫 위험한 상황에 놓일 수도 있다. 따라서 양명은 안으로 자각하고 보존하는 수렴을 위주로 하고 밖으로 실천하는 발산은 꼭 필요한 경우에만 부득이하게 하였다. 수렴은 심즉리의 본심으로 자각하고 이를 청명하게 간직하는 공부이다. 이때 자각하고 보존한 심이 곧 중화中和의 '중'이다. 이 '중'이 온전하게 간직되어야만 그것이 드러나 희로애락의 정감이 도리에 부합하는 '화'로 표현될 수 있다. 이때에는 함양과 성찰이 서로 분계 없이 하나의 생명에서 함께 존재하고 있다. 자각한 것을 함양하고, 올바르게 자각하기 위하여 함양이 필요하다. 따라서 함양하면서 성찰하고, 성찰하면서 함양하는 것이다.

이처럼 양명이 처음에는 실천의 이발보다는 함양과 성찰의 미발을 중시한 것은 그의 지행합일에 관한 강의에서도 잘 드러난다. 양명은 용장오도 이후 귀양서원에서 지행합일설을 제창하였다. 그러나 당시에 양명의 강의를 듣는 학생들 중에 양명이 제창한 지행합일설의 진정한 의미를 올바르게 파악한 사람이 거의 없었다. 거의 대부분 주자가 말한 선지후행先知後行 그리고 격물치지와 성의誠意(行)를 결합시키는 것으로 이해하고 있을 뿐이었다. 이때 가장 시급한 것은 주자처럼 지행의 본체가 단지 정태적인 원리(只是理)에 불과한 것이 아니라 '심과 성 그리고 리가 일체'로 정립된 역동적인 실체임을 자각하는 것이었다. 때문에 양명은 제자들에게 정좌의 방법을 취하여 안으로 고요히 심즉리의 본체를 파악할 것을 권장하였다.

사실 양명이 제시한 정좌의 방법은 잘못된 것이 아니다. 정좌는 불교의 전용물이 아니다. 필요하다면 도가와 유가에서 어느누구도 자유스럽게 취할 수 있는 수양방법 중의 하나이다. 정좌의 방법을 통하여 심즉리의 본체를 올바르게 체득하였다면 마땅히 실천해야 할 때 자연스럽게 유출되어 실천으로 드러나야 한다. 그러나 양명의 제자들은 대부분 정좌의 방법을 통하여 체득한 본체를 대상화시켜 놓고 감상만 할 뿐 이를 실천으로 드러내려고 하지 않았다. 이것이 바로 '고요함만을 좋아하고 움직임을 싫어하는' 희정염동喜靜厭動의 폐단이다.

양명이 50세 이후에 오로지 치양지만을 내세우고 지행합일을 더 이상 강조하지 않은 이유는 치양지의 과정에서 지행합일이 필연적으로 수반된다는 이론적인 이유도 있지만, 그것과 아울러 지행합일을 추구한다고 하면서도 어딘지 '앎(知)'에 치우치게 되는 폐단을 미연에 방지하기 위함도 원인 중의 하나이다.

치양지는 『대학』의 치지에서 비롯된 것이다. 사실 양명은 철저하게 주자의 성즉리와 격물치지를 비판하였지만, 양명철학의 핵심인 치양지의 형태는 완전히 주자에게서 벤치마킹한 것이다. 주자가 『대학』의 격물치지를 중심으로 수양론의 골간을 확립하자 양명 역시 『대학』을 기본 골간으로 삼았지만 내용은 주자와 달리하였다. 양명은 주자가 개정한 『개본대학改本大學』을 취하지 않고 『예기』에 본래 있었던 『고본대학古本大學』을 취하였다. 『고본대학』에서 치지의 '지'를 양지로 해석하여, 치지를 치양지로 새롭게 규정하였다. 주자가 격물의 '격'을 접接으로 해석하자 양명은 격을 '올바르게 하다'의 정正으로 해석하여 격물을 정물正物로 규정하였다.

양명의 치양지에서 '치'는 '앞으로 밀고 나간다(推致)' 즉 '확충擴充'의 의미이지만, 나누어서 해설하면 '자각'과 '확충' 그리고 '지극' 등으로 세분화할 수 있다. 즉 양지의 자각을 근거로 공간적으로 확장하고, 시간적으로 지속하면서 종극의 경지에서는 모든 시청언동과 양지를 일체화하여 현현한다. 또 '격물'을 '정물'로 해석하였는데 이는 『논어』의 '格' 자의 의미를 취한 것이다.[05] 양지는 '시비선악을 스스로 판단(知是知非, 知善知惡)'하여 그것을 선을 좋아하고 악을 싫어하는 호선오악의 정감으로 표현하고, '스스로 옳은 것을 옳다고 하고, 그른 것을 그르다고 한다(是是非非).' 이러한 양지의 판단과 주재에 의한 도덕정감이 구체적인 도덕행위로 표현되면 그것이 바로 효행 등의 선행이고, 그 효의 정감이 부모님께 미치면 부모라는 존재는 부모로서의 본래의 가치를 회복하면서(使事事物物得其正所) 도덕행위자와 일체화된다. 이것이 바로 정물이다.

---

05 『논어』「위정」, "덕으로써 인도하고, 예로써 가지런히 하면 백성들이 자신의 잘못에 대하여 부끄럽게 생각하면서 올바르게 할 것이다(道之以德 齊之以禮 有恥且格)."

양명 『연보』를 보면, 양명은 참으로 많은 방면에 뛰어난 재능을 보인 기재奇才임을 알 수 있다. 문과 무를 아우르는 것이 최상이지만, 본래 문과 무는 함께 겸하기가 매우 어려운 영역이다. 그러나 양명은 시문에도 능하여 과거에 합격하였고, 줄곧 공자와 맹자의 도덕기상을 흠모하면서 중단 없이 성현의 인품을 추구하였다. 또 45세 이후 지방의 관리로 재직하면서 도적과 반정의 무리들을 소탕하는 등 무인으로서의 병법에도 빼어난 재능을 보인다. 더욱 눈에 띄는 것은 그들을 토벌하면서 살상을 최소화하였다는 점이다. 특히 48세 때 영왕寧王 신호가 남창에서 반란을 일으켰다는 소식을 접하고서 길안에서 의병을 조직하여 신호의 거병지인 남창을 함락하고 신호를 파양호에서 사로잡는 공헌을 세웠다. 그러나 양명의 이러한 공적은 오히려 중앙 관리들의 시기심을 유발하였다. 양명은 50세에 정식으로 치양지를 주창하면서 모든 것을 양지의 판단에 일임하고 조정 관리들의 평판 등에 대해서는 일절 관여하지 않았다. 양지가 양명 가슴에 진정한 나침판으로 자리 잡게 된 것이다. 그해 양명은 추수익鄒守益(1491-1562)에게 서신으로 다음과 같은 말을 전하였다.

근래에 치양지 세 글자야말로 성인의 길로 들어가게 하는 진정한

중정불편中正不偏의 진리라고 믿게 되었다. 지난날에는 아직도 의문이 완전하게 없어지지 않았으나 여러 일을 경험한 지금에 이르러서는 이 양지만이 완전하여 부족함이 없음을 알게 되었다. 예를 들어 말하자면 배를 조종함에 있어서 키를 손에 꽉 잡고 있으면 잔잔한 물, 파도치는 물, 얕은 물, 빠른 물에 관계없이 자기 뜻대로 되지 않는 바가 없다. 비록 역풍과 역랑을 만나더라도 키의 손잡이가 수중에 있으면 물에 수장되는 환患은 면할 수가 있다.

잔잔한 물, 파도치는 물 등은 양지와 관련 없는 세상의 풍파이다. 배의 키를 꽉 잡고 있다면 어떤 바닷물도 극복할 수 있듯이 내 마음에서 양지만을 잃지 않고 간직하고 있다면 세상의 모든 풍파는 한갓된 외풍에 지나지 않게 된다. 때문에 52세 때 조정에서 양명을 비방하는 소문이 끊이지 않자 제자들은 그 이유를 혼탁한 세상과 간신배에서 찾았지만 오로지 양명만이 그 원인을 자신이 향원의 기상을 완전하게 소멸하지 못함에서 찾았다. 제자들이 아무리 양명에게서 학문을 배운다고 하지만 그들이 양명 마음의 실상을 온전하게 파악할 수는 없다. 양명의 마음은 오로지 양명만이 알 수 있다. 즉 마음은 다른 사람은 알 수 없고 오로지 자신만이 알 수 있는 대상인 것이다(人所不知, 己所獨知).

다른 사람들은 드러나지 않은 자신의 마음을 속이지만 양명은 자신에게 향원의 기상이 있었음을 양지의 판단에 의거하여 담백하게 승인함으로써 광자의 기상을 가감 없이 표현하였다. 때문에 황종희黃宗羲(1610-1695)는 "월越에 거주한 이후 이미 깨달아 간직한 바를 더욱 원숙히 하고, 체득한 바를 더욱 승화시켰다. 언제라도 시비를 스스로 분별하고, 또 언제라도 시시비비의 대립을 초월하였다. 입을 열어 말하는 것마다 본심의 발현이므로 따로 다른 것에 의지할 필요가 없었다. 이는 마치 태양이 하늘에서 모든 만물만상을 비추는 것과 같았다"는 말로써 양명 말년의 도덕적 기상을 형용한 것이다.

56세에 남창에 도착하였을 때 어떤 학자가 양명을 보고서 "삼대三代 이후에 어찌 이러한 기상을 지닌 사람이 있었단 말인가"라고 경탄을 하였다니 아마 양명의 도덕적 기상의 풍모에 대한 감탄이 아닌가 한다.

3

양명학 탄생의 역사적 배경

필자는 '개똥철학'이라는 용어를 가끔 듣는다. 개똥철학이라는 용어 자체가 철학에 대한 우호적인 용어가 아니기 때문에 그 의미를 분명하게 규정할 필요는 없다. 사용자에 따라서 의미가 고정적이지는 않을 것이다. 그러나 개똥철학이라는 용어를 유학에 적용시켜 볼 수 있을 것 같다. 어떤 하나의 철학적 사유가 시대정신과 아무런 관련 없이 온전히 그 사람의 지적 호기심에서 출발한 것이라면 그것이야말로 지적완농知的玩弄일 것이고, 유가철학의 입장에서만 본다면 그것이 개똥철학일 것이다.

유가철학의 기본 방향은 둘로 나누어 설명할 수 있다. 하나는 '안으로는 성인의 인격을 완성하는' 내성內聖이고, 다른 하나는 '밖으로는 숙세제민叔世濟民의 정치 사업을 하는' 외왕外王이다. 내성은 순수한 도덕적 인격완성과 관련된 것으로, 주 내용은 심성에 대한 이해 그리고 수양공부론에 관련된 것이다. 만일 유학이 내성에만 그친다면 도가 그리고 불가철학과 본질적 차이가 드러나지 않는다. 유학의 특성은 내성에 대한 지식과 함양을 기초로 외왕으로 확장하는 것이다.

외왕의 문자적 의미는 '밖으로 왕노릇을 한다'는 것이지만, 실질적 의미는 도덕실천을 통하여 나와 타인을 유기적 관계로 인식하고, 더 나아가 나와 천지만물을 하나의 세계로 묶는 큰 이상을 실현하는 것이다. 즉 외왕은 작게는 나와 공동체를 분리하지 않는 것이고, 크게는 천지와 나를 둘로 나누지 않는 것이다. 이러한 외왕사업이 유가철학의 기본 방향이기 때문에 유가철학은 시대정신과 떼려야 뗄 수 없는 불가분리의 관계에 있다.

시대정신에 대한 일반적인 규정은 다음과 같다. '어떤 한 시대에 철학·정치·문학·예술·역사에 공통적으로 표현되는 가치관·심미관·진리관 등을 시대정신'이라고 한다. 이러한 시대정신은 당연히 하나의 보편성을 지향하고 있지만, 결코 획일적인 보편성을 확보할 수 없다. 왜냐하면 시대정신은 학자의 주관적인 인식과 평가 그리고 그가 지향하는 가치를 담고 있기 때문이다. 이는 마치 어떤 환자에 대하여 여러 의사들이 '암'이라고 동일한 진단을 하였지만, 암이 발생한 원인과 치료법에 대해서는 서로 인식을 공유하지 않을 수 있는 것과 같다. 원인에 대한 인식이 다르기 때문에 처방 역시 동일하지 않는 것이다.

춘추전국시대에 출현한 제자백가 사상이 대표적인 예증이다. 유가·묵가·도가·법가 등 어느 누구도 당시의 상황을 무도無道

로 규정하지 않음이 없었다. 그러나 왜 무도한 상황에 이르게 되었는가에 대한 인식은 달랐다. 공자를 비롯한 유가철학자들은 혼란의 원인을 봉건질서의 붕괴와 도덕인성의 은몰隱沒 그리고 예악禮樂의 붕괴에서 찾았다. 반면 묵자는 공동체 구성원들이 자신 혹은 자신의 이익과 관련 있는 사람들끼리만 이익을 교류하면서 타자에 대해서는 이익을 공유하지 않는 이기심에서 원인을 찾았다. 도가는 또 다른 원인을 제시한다. 노자와 장자를 비롯하여 도가철학자들은 혼란의 근본적인 원인을 허위와 허식의 꾸밈에서 찾았다. 그들이 생각하는 허위와 허식의 대표적인 것은 유가의 '예'였다. 한비자의 생각은 또 달랐다. 한비자는 전국시대와 같은 극도의 혼란기에는 근본적으로 인의 등과 같은 도덕은 무용지물이라고 생각하였다. 오로지 강제적인 제지를 수반하는 법치만이 효용이 있다고 생각하였다.

이처럼 원인에 대한 진단 차이로 말미암아 치유의 방법으로 유가에서는 인·의·예를 제시하였고, 묵가에서는 겸애兼愛를 제시하였으며, 도가철학에서는 무위無爲를 내세웠고, 한비자는 법치法治를 강조하였다.

필자는 명대 양명학의 출현은 양명이라는 광자와 당시 시대적 상황 그리고 그 시대에 대한 양명의 외왕정신이 함께 종합적으로 어우러져 나타난 시대의 산물이라고 생각한다. 필자는 시대적 배경을 정치 사회와 경제 그리고 신분의 변화 등을 소재로 하여 양명철학의 탄생과 관련된 내용을 중심으로 간략하게 서술할 것이다.

1
정치 사회적 배경

명 왕조는 주원장朱元璋에 의하여 창건되었다. 주원장은 남경을 거점으로 삼아 천하를 다스렸지만, 3대 영락제永樂帝 시대에 수도를 북경으로 천도하였다. 주원장 세력의 발흥은 홍건적에서 비롯되었다. 그는 홍건적의 다른 분파들을 제압하고 최종적으로는 몽고족인 원의 세력을 몰아내 다시 중국에 한족의 왕조를 세운 인물이다.

몽고족은 대략 100년 동안 중국을 지배하였지만, 유목민의 독특한 실용주의와 실천주의 성격 때문인지 유가철학에 대한 그들의 존숭 태도는 그리 높지 않았다. 그렇다고 정사초鄭思肖(1241-

1318)와 사방득謝枋得(1226~1289)의 평가처럼 유학자를 걸인乞人 바로 위의 계급으로 취급한 것은 절대 아니다. 또한 몽고족의 지배기간 동안 몽고족의 습속과 가치관이 중국에 광범위하게 유포되었는데, 어떤 것은 유가의 도덕관념으로서 도저히 수용할 수 없는 것도 있었다. 대표적인 것은 형이 죽은 뒤에 동생이 형수를 처로 삼는 관행, 그리고 남편이 죽은 후에 계모가 의붓아들에게 재혼하는 습속 등은 효제孝悌를 근본정신으로 삼는 유가의 도덕관행과는 결코 융화될 수 없는 습속이었다.

주원장은 비록 홍건적에서 출발하였지만, 그를 도와서 명 왕조를 창건한 공신들이 대부분 유가철학자 그중에서도 주자학자였기 때문에 유가철학에 대한 거부감이 별로 없었다. 또한 명 왕조는 원이라는 이민족 왕조와 다른 차별성을 드러내야 하는 시대적 요청이 있었기 때문에 민족주의적 성격이 강한 유학의 등장은 어쩌면 필연이었을지도 모르겠다.

주원장은 황제의 지위에 오른 후 몽고족의 습속에 대하여 극히 혐오적 태도를 취한다. 그는 다른 어떤 선행보다도 정절을 지킨 여성에 대해서는 특별한 포상을 하였다. 뿐만 아니라 부모에 대한 효도 등을 중심으로 유가에서 강조하는 여섯 가지 가르침을 육유六諭(부모에게 효도하고, 윗사람을 존경하며, 향리 사람들과 화목하고,

자손을 올바르게 교육시키며, 각자 맡은 일에 만족하며, 비위를 행하지 말라는 여섯 가지 가르침)로 삼아 반포하였는데, 이는 그가 비록 사상적 근원을 알 수 없는 홍건적과 백련교에서 출발하였지만 왕조를 수립한 후에는 완전히 유가의 세계로 돌아왔음을 보여 준다.

필자는 양명학 탄생의 정치 사회적 배경으로 다음 몇 가지를 들고자 한다. 하나는 농촌사회조직의 기본인 이갑제里甲制의 붕괴이고, 다른 하나는 내우內憂만 있고 외환外患이 없었던 명 왕조의 주변 환경이며, 또 하나는 환관 세력의 발호와 명 왕조의 폭력성이고, 마지막은 이갑제의 붕괴와 함께 나타난 도시 시민의식의 고양이다.

1) 이갑제 붕괴와 신사의 등장

양명학의 탄생과 관련된 경제제도 중 대표적인 것은 바로 이갑제이다. 이갑제는 향촌의 조세를 편리하게 징수하기 위한 제도이다. 이갑제에서는 농가 110호를 1리里로 하고, 그중에서 부유한 집 10호를 선발하여 이들을 이장호里長戶로 정하고, 차례대로 한 사람씩 이장을 맡게 하였다. 나머지 100호를 10갑으로 나누고, 그중에서 한명을 선발하여 갑수甲首를 맡게 한다. 이렇게 구성하면 하나의 리里에는 한 명의 이장과 10명의 갑수가 존재하는

데, 이들이 한 리의 조세징수를 담당한다. 이러한 이갑제를 통하여 명 초기에는 향촌조직을 안정시켰을 뿐만 아니라 조세 역시 효율적으로 징수하였다. 그러나 명 중기 즉 양명의 시대에 이르자 향촌의 기본조직인 이갑제가 서서히 와해되기 시작한다.

이갑제는 15세기까지 농촌사회와 경제조직의 핵심이었다. 한편으로는 조세징수의 조직이었고, 다른 한편으로는 상호감시를 통한 농촌사회 지배 구조였다. 명 왕조는 이러한 이갑제를 근간으로 향촌을 효율적으로 지배할 수 있었다. 그러나 이갑제는 양명 시대에 이르러 그 구조가 서서히 느슨해지기 시작한다.

이갑제의 붕괴는 새로운 지배계급이 등장하는 무대를 제공하였는데, 그들이 바로 신사紳士였다. 명대의 신사는 진신縉紳·향신鄕紳·향관鄕官이라고도 칭한다. 대부분 지주층이지만 단순한 지주가 아니라 교양과 학식을 겸비한 지식인이었다. 그들의 지위는 송대의 사대부와 유사하지만 국가로부터 학위를 수여받고, 그것을 통하여 제도적으로 자신의 신분을 보장받는다는 점이 송대 사대부와 차이점이다.

신사에 포함된 사람은 매우 다양하다. 현역관료·퇴직관료 그리고 과거시험에 응시하였으나 관직에 나가지 않은 거인擧人과 생원生員 등이 포함되었다. 이들의 지위는 조선 말기 지방의 서원에서 활동하던 향반鄕班과 유사하였다. 이들이 느슨해진 이갑제의 틈을 파고들어 막대한 토지를 겸병하자 이장호와 갑수 등에 의해 지배되던 향촌은 그 지배권이 신사들에게 전이되기 시작한다.

신사가 향촌의 새로운 지배계급으로 등장하자 농촌 토지의 소유형태와 함께 농촌사회의 신분관계도 변화되기 시작한다. 농촌에서 신사가 토지를 겸병하기 시작하였지만, 그들이 직접 토지를 경작하지 않고 농민들에게 임대하였다. 즉 신사를 중심으로 한 지주들은 대부분 토지만을 소유한 기생지주寄生地主였다. 농민(佃戶)은 토지 이외의 소와 말 등의 생산수단과 가옥이라는 생활수단을 자체적으로 소유하고 있었다. 따라서 농민과 지주의 관계는 과거처럼 신분적 예속관계가 아닌 수평적인 생산관계였다. 이 시기에 소작인인 농민과 지주가 같은 밥상에서 식사를 하였다는 사실이 바로 그들간의 관계를 사실적으로 증명하고 있다. 이러한 지주와 전호의 수평적 신분관계 형성은 기존의 명분주의名分主義와 직분주의職分主義에 의하여 억압받던 민중의 자각심을 유발하는 환경을 조성하였고, 양명을 비롯한 계몽주의 철학자의 등장을 촉진하는 계기를 제공하였다.

2) 내우만 있고 외환이 없었던 상황과 지식인의 시대인식

명 왕조는 송과 달리 내우는 있었지만 국가 사직의 존망을 결정할 만한 외환은 없었다. 송은 건국과 함께 거란(요)과 여진(금) 그리고 최후에는 몽고(원)의 도전이라는 엄청난 외환을 안고 있었다. 반면 명은 건국 초기에 북원北元의 세력이 잔존하였지만 왕조의 사직을 위협할 정도는 아니었고, 서쪽에서의 타타르의 침략이 있었지만, 역시 강력한 도전은 아니었다. 남쪽에서 왜구들의 소란이 있었는데, 그것은 명 왕조 정복을 목적으로 한 것이 아닌 한갓된 도적질에 불과한 것이었다. 당시 한족 이외의 이민족들은 북·동북·서·서북·서남지역에서 자신들의 고유 영토를 지키면서 가끔 명 왕조에 경각심을 들게 할 정도의 위협을 주었지만 그 위협의 정도는 결코 크지 않았다. 따라서 외환만을 본다면 양명의 시대가 주자의 시대에 비해 상당히 안정적이었다고 할 수 있다. 즉 왕양명은 비교적 여유 있는 시대적 상황에서 인생과 세계를 음미하면서 자유자족의 삶을 누릴 수 있었다. 이러한 양명의 시대적 배경은 심즉리 철학의 탄생과 무관하지 않다. 특히 주자가 처한 상황과 비교해 보면 그 차이가 더욱 분명하게 드러난다.

송은 양한 이후 위진남북조·오호십육국·수·당·오대십국이라는 약 750년 동안의 전대미문의 혼란기를 거친 후에 탄생한 왕조였다. 송 태조 조광윤은 약 750년 동안의 혼란 원인을 하극상에서 찾았다. 하극상을 근본적인 원인이라고 생각하였다면 무인들에 대한 경계와 문신 중용은 필연적인 결과이다. 조광윤은 병권과 재정권을 황제 직권으로 회수하였고, 중앙군인 금군禁軍을 황제 자신에게 귀속시켰으며, 문관을 책임자로 임명하였다. 진정한 의미의 문치주의가 시행된 것이다. 그러나 문신 중용은 곧 국방의 약화를 초래할 수밖에 없었다. 따라서 송 왕조는 시작과 함께 황제권력의 강화라는 내우와 거란과 여진 그리고 몽고 등의 이민족과의 대립이라는 외환까지 안고 있었다. 이러한 내우외환이라는 상황에서 송대 사대부 관료 계급은 지식인의 책임의식을 표현하였는데, 그들의 책임의식은 정치는 물론이고 학술계에도 표현되었다.

송대 이전의 학술계는 완전히 불교, 그중에서도 선종에 의하여 지배되었다. 그러나 750년 동안 극심한 혼란기에서 불교는 물론이고 도가 역시 별다른 효용을 발휘하지 못하였다. 비록 많은 시간이 걸렸지만, 한족 왕조의 출현과 함께 등장한 국수주의와 민족주의를 등에 업고서 도가, 불가와 대립적인 세계관과 인생관 그리고 도덕관을 중심으로 유학자들은 학술의 지평을 확장하기 시작하였다.

또 송 초에는 구양수歐陽修(1007-1072) 등을 중심으로 당대唐代에
한유韓愈(768-824)가 촉발시킨 고문운동古文運動이 적극적으로 전개
되었고, 이러한 학술적 풍조와 함께 도학道學이 자연스럽게 유행
하기 시작하였다. 혹자들은 송 대의 고문가와 도학가의 대립 양
상洛蜀黨爭만을 보고서 고문가와 도학가를 서로 전혀 이질적인 학
술 집단으로 생각하지만, 사실 고문가와 도학가는 크게는 같은
사조에 속한 학자들이다. 다시 말하면 도학은 고문운동의 한 분
파이고, 도학은 고문이라는 학술에 속한다.

그러나 구양수와 소동파蘇東坡(蘇軾, 1037-1101) 등의 문인과 주렴
계·장횡거·정명도·정이천 등의 철학자들이 서로 다른 학술 범
주에서 활동하였고, 후에 소동파와 정이천이 정치적으로 왕안석
중심의 신법당과 대립관계에 있었던 구법당의 일원이었지만, 문
文과 도道의 위상과 역할에 대하여 서로 다른 견해를 가지고 있었
기 때문에 소동파를 중심으로 한 문사文士와 정이천을 축으로 한
도학가들이 낙촉당쟁이라는 학술성격의 당쟁을 일으켰다. 이 때
문에 고문가와 도학가를 이질적 학술집단으로 인식하는 경향이
있지만, 큰 줄기에서는 하나의 학파에 속한다고 할 수 있다.

주자는 북송이 아닌 남송의 학자이다. 남송의 내우외환은 북송

과는 비교할 수 없을 정도로 열악하였다. 전 국토의 3/2를 여진족인 금이 지배하였기 때문에 망국의 우환은 단순한 우환이 아니라 곧 현실로 나타날 수 있는 사실이었다. 당시 송은 양자강 아래의 남방에서 겨우 왕조의 명맥만을 유지하는 소국으로 전락한 상태였다. 그러나 송조의 문치주의는 지속되었고, 사대부 계급역시 현실을 도피하지 않고 현실의 문제를 스스로 짊어지고 가려는 의식을 강하게 드러냈다. 이것이 당시 사대부 계급의 역사의식이었다.

이러한 역사의식은 자연스럽게 국가라는 공동체 수호와 민족의 안녕에 대하여 남다른 사명감과 책임의식을 수반한다. 주자를 비롯한 남송의 유학자들은 자신의 사명감과 책임의식을 공동체 구성원의 가치관과 윤리관을 새롭게 정립하는 것으로 표현하였다. 이러한 상황에서 도덕규범에 대한 의지의 자율성을 긍정하는 심즉리의 심학이 유행하기는 어려웠을 것이다. 주자는 개인의 자율성보다는 공동체의 안녕과 민족문화의 보존과 창달이라는 구호를 내걸고 모든 사람이 수용할 수 있는 형식적이고 객관적인 약속 체계를 구성하려고 하였다. 주자의 성즉리와 격물치지 그리고 거경 등은 주자 자신의 사유의식 구조가 결정한 것이지만, 내우외환의 형국에서 국가의 정체성과 민족의 가치관을 새롭게 정립하려는 역사의식도 상당한 영향을 끼쳤을 것이다.

　역사에는 가정이 없지만, 만일 명 중기 양명의 시대가 주자의 시대처럼 내우외환의 형국이었다면 양명의 심즉리 철학에 당시 지식인들의 호응이 열렬했을까? 남송시대의 상산학과 주자학의 발전 양상을 근거로 추리해 보면 호응도는 그리 적극적이지 않았을 것이다. 그러나 내우만이 있고 외환이 없는 시대라면 사대부 계급이 강한 민족주의와 국가라는 공동체의 안녕을 주창해야 할 시대적 필요성이 대두되지 않을 것이다. 그렇다면 공동체에 하나의 형식적이고 객관적인 윤리의 규범과 이론을 제정해야한다는 지식인의 사명의식 역시 강하게 표출되지 않음은 당연한 결과이다. 이것이 바로 양명 심즉리 철학이 마치 횃불처럼 당시의 지식인과 민중의 주목을 끌 수 있었던 시대적 배경이다.

3) 환관의 발호와 명왕조의 폭력성

　절대왕조에서 황제의 권한에 대한 도전은 곧 죽음을 의미한다. 명 왕조 역시 황실 직속으로 첩보기관인 금의위錦衣衛를 두어 신하들을 감시하고 통제하면서 공포정치를 시행하였다. 그런데 문제는 금의위의 총책을 환관이 담당하였고, 이 환관들의 전횡은 명 왕조의 몰락을 초래하는 주된 원인으로 작용하였다는 점이다. 원래 주원장은 이전 왕조에서 환관들의 정치 개입으로 왕조의 혼란이 야기된 점을 정확하게 인식하고 있었기 때문에 환관에게는 글을 가르치지 못하게 하는 등 환관들을 권력의 중심에서 철저하게 배제시켰다. 그러나 영락제가 자신의 조카인 건문제를 축출하고 황제의 자리에 오르는 데 당시 남경의 환관들이 도움을 주었기 때문에 영락제 시대에 환관들은 정치의 중심으로 다시 돌아온다. 특히 환관들의 대표인 사례태감司禮太監은 영락제의 개인 정보기관인 동창東廠마저 장악하여 군대를 감독하고, 조세를 징수하기도 하였으며, 모든 관리와 민중을 사찰하면서 공포의 대상으로 군림하였다.

중국의 역대 왕조에 국정을 농단한 환관들이 있었지만, 명대처럼 많은 경우는 없었다. 영종 때의 왕진, 헌종 때의 왕직, 무종 때의 유근, 그리고 이상의 모든 환관들의 횡포를 총집합한 것보다도 많은 만행을 자행한 사람이 바로 희종 때의 위충현魏忠賢(1568-1627)이다. 왕진은 영종을 직접 호위하고서 북원北元의 세력인 오히라트를 정복하려 나섰다가 오히려 그들의 포로가 되는 참극을 초래한 장본인이다. 그 유명한 '토목의 변'이 바로 이 사건이다. 위충현은 자신의 덕이 요순에 버금간다고 하면서 생사당을 곳곳에 지어 생전에도 제사를 지내게 하였다고 하니 그의 위세가 어떠했는지 짐작이 간다. 명 왕조 시대에 환관은 단순한 내시에 그치지 않았다. 영락제 시대에 환관의 수가 1만 명이었고, 명 말기에는 7만 명이 넘었다고 한다. 당시에 환관의 숫자는 관리들 숫자보다도 많았다고 하니 환관이 곧 군대였고, 관리였던 것이다.

명 왕조 시대에 환관의 수장은 내각의 수장인 수보首輔와 더불어 명의 최고 권력자였다. 수보로서 유명한 인물로 장거정張居正(1525-1582)을 들 수 있다. 장거정은 만력제萬曆帝[06] 시대의 수보였다. 당시에 이미 농촌경제와 그 조직인 이갑제가 서서히 붕괴되기 시작하였고, 비록 왕조의 운명을 위협할 정도는 아니지만 북쪽에서는 타타르족이 자주 침략하였고, 남쪽에서는 왜구들의 침탈이 심했다. 이때 장거정은 내정의 개혁과 대외강화정책을 추진하였다. 장거정의 이러한 정책은 상당한 효과를 거두었지만, 그는 반대파를 무자비하게 탄압하였고, 지나친 권력을 사용하였기 때문에 사후에 그의 평가는 그리 우호적이지 않다.

---

[06] 명 왕조는 숭정제(崇禎帝) 시기에 멸망하였지만, 대부분의 역사가들은 왕조의 몰락은 만력제 시기부터 비롯되었다고 한다. 단지 장거정 같은 유능한 수보가 있었기 때문에 그것이 표면적으로 드러나지 않았을 뿐이다. 만력제는 명 왕조의 가장 무능한 황제 중의 한 명이었고, 더욱 불행한 것은 무능한 황제의 재위 기간이 가장 길었다는 것이다. 설상가상(雪上加霜)이 바로 이를 두고 한 말 같다. 그러나 임진왜란 때 조선 출병에 대하여 적극적인 태도를 취하였기 때문에 당시에 그를 '고려 천자'라고 칭하기도 하였다. 그 유명한 만동묘(萬東墓)는 바로 만력제와 마지막 황제인 숭정제를 추모하기 위한 사당이다.

명 왕조는 이민족의 정권을 몰락시키고 세운 한인의 왕조이다. 한 말기부터 시작된 혼란이 오대십국을 끝으로 송·원·명·청이 라는 안정된 왕조로 계승되었다. 중국인민공화국이 성립하기 전 까지 중국에서 인권이라는 개념이 실질적으로 등장한 적은 없지 만 명 왕조의 인권탄압과 공포정치는 한족 정권은 물론이고 몽 고족의 원 왕조에서도 일찍이 보기 드문 현상이었다. 즉 명 왕조 는 대단히 폭력적인 왕조였는데 이는 송 왕조와 극명하게 대비 된다. 송 왕조는 비록 이민족을 굴복시킬 수 있는 군사력이 부족 하였다는 문제점을 노출하기는 하였지만, 신하들의 간권諫權을 보장하였고, 신하들을 매질하는 폭력성을 보이지 않는 등 상당 부분 유가철학에서 추구하는 왕도정치에 근접한 정치를 실현하 였다.

이와 달리 명 왕조는 신하의 간권은 물론이고 인권 등을 보장 하지 않는 폭력성의 왕조였다. 주원장은 천민출신이었다. 그는 어린 시절 불우한 경력을 소유한 사람이었기 때문에 농민의 절 실함이 무엇인지 잘 알고 있었다. 그가 시행한 이갑제는 한편으 로는 조세징수의 방편이었고, 상호 감시의 성격을 갖고 있었지 만, 농촌경제의 안정화를 도모함에는 상당히 효과적이었다. 때 문에 역대 정권의 창시자와 마찬가지로 역사가들의 호평을 받는 정치가였다. 그러나 이처럼 정력적인 기질을 소유한 정치가였지만 폭력적이고 의심 많은 개인적 성향으로 말미암아 점차 잔혹한 독재자로 변모해 갔고, 이러한 주원장의 정치 형태는 후대의 황제들에게 그대로 전승되어 폭력과 인권 탄압의 악순환이 지속되었다.

명 왕조의 폭력성은 여러 곳에서 발견되지만, 조정에서 크고 작은 막대기로써 신하들을 매질하는 수모를 주었다는 사실은 명 왕조의 폭력성을 단적으로 드러내 주고 있다. 매질은 신하의 지위 고하를 구분하지 않고 일상적으로 자행되었다고 한다. 매질을 당하는 신하는 엎드려 엉덩이를 드러내 놓고서 피부가 찢어지거나 심지어 죽임을 당하는 일까지 있었다고 하니 명 왕조의 잔혹성과 폭력성의 정도가 어떠했는지 짐작이 간다. 1519년에는 146명을 매질하여 그중 11명이 죽었고, 1524년에는 134명을 매질하여 그중 16명이 죽었다고 한다. 그러나 이러한 살상도 주원장이 당시 승상이었던 호유용胡惟庸의 반란을 직접 진압하는 전후 과정에서 자행된 4만 명의 살상과는 비교도 안 된다. 양명 역시 잔혹한 명 왕조의 매질을 피하지 못하였다. 양명은 무종 시대에 사례태감이었던 유근을 탄핵하는 상소를 올리자 조정에 끌려가 곤장 40대를 맞고 혼절하였다가 살아났다고 한다.

4) 도시자본가의 출현

양명 심학의 등장은 명 왕조 사회 변화와 매우 밀접한 관계를 맺고 있다. 앞에서 언급한 바와 같이 명 왕조의 운명은 환관의 득세와 궤적을 같이하면서 몰락의 길을 가는데, 이것과 함께 등장한 것이 바로 민중의 저항 그리고 지식인들의 계몽운동이다. 비록 양명의 시대에 급격한 사회변화는 일어나지 않았지만 변화의 조짐은 맹아의 단계를 넘어 상당히 진척되었다. 왕조의 부패 현상은 양명 이후에 더욱 극심하였고, 이에 대한 민중의 저항 그리고 지식인들의 계몽운동 역시 더욱 활발하게 분출되었다.

특히 명조 말기에는 민란뿐만 아니라 농민들이 조직적으로 조세 거부운동, 즉 항조운동抗租運動을 전개하였는데 특이한 점은 지식인들의 주도가 아니었고, 종교의 개입도 없는 순수한 농민들의 항조운동이었다는 점이다. 이들의 요구는 소작료에 대한 것이었는데, 항조운동은 수확기뿐만 아니라 그 외의 시기에도 지속적이고 조직적으로 전개되었다는 점이 이전에 발생한 민란과 달랐다. 이는 당시 지식인들의 계몽사상이 농민들에게도 영향을 주었음을 증명한다.

양명 시대에 농촌사회경제 조직의 근간이었던 이갑제가 완전 붕괴된 것은 아니지만 확연하게 느슨해진 것만은 분명한 사실이다. 이러한 변화와 함께 도시에서는 상공업의 발달로 말미암아 도시자본가들이 출현하였다. 명대 중기 이후 도시 자본가의 출현은 이갑제의 해체로 나타난 농촌경제조직의 몰락과 궤적을 함께한다. 명 중기 이후 농촌의 지배계급은 이장과 갑호에서 신사로 이동한다. 신사에 의하여 농촌경제가 지배되면서 나타난 폐해가 바로 과중한 세역이었다. 이때부터 농촌의 인구가 도시로 진출하기 시작하였고, 이 현상은 후대로 갈수록 더욱 심화된다. 심지어 도시로의 이동은 향촌사회의 지배계층이었던 이장도 예외가 아니었다고 하니 농촌경제의 몰락이 상당히 빠른 속도로 진행되었던 것 같다.

도시 자본가의 출현은 명대의 경제구조를 자본주의로 이끌었는데, 그 형태가 지금과 상당히 유사하였다. 소주에서는 비단직물업이 성행하였고, 송강에서는 면포업, 절강성 석문진에서는 착유업, 경덕진에서는 민영도자기업, 불산진에서는 야철업, 휘주에서는 광산업이 발달하였는데, 어떤 지역에서는 자본가는 자본만을 투자하고 기능공들은 노동력을 투자하여 지금의 자본주의와 유사한 형태의 생산과 고용관계를 보이기도 하였다.

자본가의 등장과 함께 도시 시민의 지위도 함께 제고되었다. 도시 시민계층은 신분중심으로 성립된 과거의 지배계급에게 자신들의 주체적인 목소리를 내기 시작하면서 그들에게 예속된 신분과 인격이 어느 정도 해방되기 시작한다. 이러한 농촌경제와 도시경제 그리고 사회조직의 변화는 양명철학 탄생에 상당한 외연적 영향을 끼친다. 농촌에서 전호와 지주가 서서히 수평적 관계로 전이되고, 도시에서도 고용주와 노동자의 수평적 고용관계로 정립되는 사회적 신분 질서 변화는 왕양명의 사민평등론四民平等論 출현에 결정적 영향을 끼친다.

명 중기 이전까지 유학은 철저하게 주자의 성리학 중심이었다. 주자는 송대에 부활한 삼강三綱에 리기론理氣論을 제시하여 황권 강화에 상당한 기여를 한다. 삼강에서는 군신과 부자 그리고 부부의 윤리가 주종의 종속관계로 정립되어 있다. 그러나 양명의 시대에는 농촌의 전호 그리고 도시 시민 주권이 이전과는 비교할 수 없을 정도로 신장되었기 때문에 사회 윤리도 주종의 종속이 아닌 수평적인 평등으로의 지향성을 보이기 시작한다. 양명의 사민평등론은 이러한 사회변화와 궤적을 같이한다. 그렇다고 양명이 사농공상의 신분적 지위의 평등성을 적극적으로 긍정한 것은 아니다. 양명은 단지 양지의 보편성을 근거로 사민평등론을 내세운다. 양명은 사대부계층에 속한 학자였기 때문에 원론적인 입장에 머무른다. 비록 도시 시민 계층이 확장되고, 시민의 주체 의식이 고양되어 그들이 문화의 주도세력으로 형성되었지만, 정치적 측면에서 군신관계, 그리고 명분을 근거로 한 신분의 차이는 아직도 강하게 남아 있었다. 이것이 양명의 한계임과 동시에 공헌인 것이다.

2
학술적 배경

필자는 유가와 도가 그리고 불가철학의 근본적인 차이를 내성이 아닌 외왕 정신에서 찾는다. 도가와 불가가 외왕의 사업을 전혀 표출하지 않은 것은 아니다. 그러나 공동체의 존속과 역사문화의 창달 그리고 타자와의 화해 정신 등 외왕의 표출은 유가가 도가·불가와는 비교할 수 없을 정도로 강하다. 때문에 유가를 경세철학經世哲學이라고 칭하는 것이다.

경세철학의 이념은 공자에서부터 비롯되었는데, 공자는 자신의 경세철학 이념을 주문周文의 회복에서 찾고자 하였다. 주나라 문화(주문)의 회복은 곧 종법宗法을 근간으로 하는 봉건정치의 온전한 구현에 있다. 맹자 역시 천하대통일이라는 경세의 이념을 실현하려고 하였지만, 공자와 달리 봉건정치의 구현보다는 심성의 회복과 인의를 근거로 한 예법의 재정립을 통하여 자신의 경세철학을 실현하려고 하였다. 인성에 대한 맹자와 순자의 규정이 다르지만, 경세주의 이념은 순자가 오히려 맹자보다 구체적이고 현실적이며, 요순과 문무 그리고 공자에 전승된 '예'의 전통에 대한 부활 의지 역시 맹자보다 강렬하게 표현하였다.

1) 송과 명대 유학자의 시대정신 그리고 응변 차이

송·명대에 이르러 정치철학 등의 이념은 선진시대보다 약하게 표현되었지만, 시대에 대한 유학자의 회응回應 의식만은 선진의 공자·맹자·순자와 동일한 궤적을 걸었다. 주자와 상산 그리고 왕양명을 비롯한 송명이학자의 첫 번째 시대정신은 온전한 도통을 정립하여 유학의 역사성과 적통성을 확립하는 것이었다. 주자와 상산 그리고 양명은 비록 성즉리와 심즉리라는 심성에 대한 근본적 인식의 차이를 보이지만, 도통에 대해서만큼은 모두 공자철학의 적통으로 맹자를 추존한다. 『송사』 「도학전」에는 다음과 같은 내용이 있다.

공자가 죽은 후에 오로지 증자만이 그 종통을 얻어 자사에게 전하여 맹자에게까지 미치게 하였지만, 맹자가 죽은 후에 그것을 전승하는 자가 없었다. 양한兩漢 이후에 유자들이 대도大道를 논하였지만, 정묘하게 살피지 못하였고, 자세하게 해설하지도 못하였다. 이어서 이단과 사설이 난무하자 유학의 도가 크게 훼손되었다.

또 황종희 역시 『송원학안』 「상산학안」에서 "주자와 육상산 두 선생은 모두 강상綱常의 도리를 정립하고, 명교名敎의 전통을 다시 일으켜 세우려고 하였으며, 함께 공맹학술을 종통으로 삼았다"고 한다. 강상의 도리는 인·의·예·지·신을 내용으로 하는 오상五常이고, 명교는 공자의 정명正名을 근거로 정립한 명분과 직분을 내세우는 유교를 지칭한다.

뿐만 아니라 주자와 육구연은 도가와 불가에 빼앗긴 학술의 주도권 회복을 시대정신의 핵심으로 내세운다. 송대 이전의 학술 사상의 주류는 도가와 불가였지만, 불가 그중에서도 선종의 세는 다른 학술과는 비교할 수 없을 정도로 광범위하게 유포되었다. 그러나 송대를 기점으로 학술계의 주도권이 선종에서 유학으로 전이되기 시작한다. 물론 이러한 변화에는 송대 정치의 영향이 컸다. 그러나 이는 외적인 요인이고, 좀 더 근본적인 원인은 송명이학자의 역사정신과 시대정신에 있다.

송대에 주자와 상산은 이처럼 동일한 시대정신을 표출하였음에도 불구하고 왜 서로 다른 심성론과 공부론을 내세워 주륙지변朱陸之辨이라는 일대 학술사건을 일으켰는가? 필자는 근본적인 원인을 두 사람의 내적인 의식구조의 차이 그리고 시대정신을 구체적으로 실현하는 방향의 차이에 있다고 생각한다. 이러한 두 사람의 차이는 첫째, '성즉리와 심즉리', 둘째 '격물치지와 발명본심', 셋째 '태간太簡과 지리支離', 넷째 '존덕성尊德性과 도문학道問學', 다섯째 '이단에 대한 규정'에서 발생한다.

송대에 주자와 상산은 이상의 차이를 근거로 활발한 학술논쟁을 전개하였지만, 원과 명초를 거치면서 성리학은 주자학 중심으로 완전 재편된다. 그러나 명대 주자학은 송대의 주자학과는 다른 상황에서 진행된다. 먼저 송대에는 도가와 불가의 수성 의지가 굉장히 강하였다. 때문에 도가와 불가 사상의 특장特長이라고 할 수 있는 형이상학에 대한 유학자의 탐구가 활발하였고, 이에 대한 성과 역시 탁월하였다.

그러나 명대에는 도가와 불가의 도전이 이전과는 비교할 수 없을 정도로 현저히 약화되었기 때문에 명대 유학의 형이상학은 창의적인 발전이 없었다. 또 주자학을 중심으로 한 성리학의 리기론·거경함양·격물치지·심통성정 등은 이미 주자에서 최고의 정점을 찍었다. 때문에 후학자들은 오로지 주자학을 학습하는 데에만 전념하였을 뿐 새로운 창신에는 별다른 관심을 보이지 않았다. 이러한 명 초의 학술 분위기는 주자학 연구에도 그대로 적용되어 오로지 주자학을 답습할 뿐 주자학에 대한 창의적 혹은 발전적 계승을 나타내지 않았다.

『명사』「유림전儒林傳」에는 "주자학의 가르침을 지켜 잘못이 있어도 감히 고치지 못했다"는 기록이 있는데, 이것이야말로 명초·중기 유학자들이 주자학의 전통을 얼마나 교조적으로 답습만 하였을 뿐 창신이 없었는지를 단적으로 대변하는 말이다. 때문에 후에 양명은 "양주와 묵적의 학설이 이단이지만 그래도 그들은 스스로의 이해를 통하여 얻은 자득의 학술이었다"(『양명전서』「권7」)는 말로써 당시 주자학의 전승 방법을 우회적으로 비난한다. 이는 분명 사상의 속박이다. 명 중기부터 이러한 사상의 경직성으로부터 탈출하려는 학술적 분위기가 등장하였는데, 선구 인물은 진헌장陳獻章(1428-1500)이고, 그 뒤를 이어 양명이 자득의 심학을 만개시킨다.

이것과 아울러 명대 과거제도에서 운용되었던 팔고문八股文은 유학자의 반성과 성찰을 야기하였다. 팔고문은 명대 과거시험의 기본 형식인데, 참으로 유학의 기본 성격과는 부합하지 않은 시험 방식이었다. 팔고문은 그 체계가 매우 까다로운 형식으로 이루어져 있고, 자신의 창의적인 견해를 서술하는 것이 아니라 성현의 말과 주자학의 명구만을 인용하여 답안을 아름답게 구성해야 하기 때문에 창의성이라고는 도무지 기대할 수 없는 몹쓸 시험 방식이었다. 팔고문은 지금의 학술연구 표준으로 평가하면 표절 그 자체였다. 때문에 어떤 사람은 팔고문을 진시황의 분서갱유보다도 더 참혹한 해악을 끼쳤다고 주장하기도 한다. 양명은 이러한 팔고문의 과거를 공리주의로 규정하고서 배격한다.

또한 명 초에 방효유方孝儒는 영락제의 황제 등극을 찬탈로 규정하고서 비난하자 영락제는 말할 수 없는 잔혹한 방법으로 방효유와 일족 그리고 그의 문하생까지도 학살하는 만행을 저질렀다. 이것 역시 명 왕조의 대표적인 폭력성이다. 이러한 방효유의 절의정신은 명 초 유학자의 학술 방향에 큰 영향을 끼쳤다. 즉 방효유의 순난殉難은 당시 유학자들에게 격물궁리 등의 지식적인 측면보다는 실천이념을 강조시켜 유학의 이론적 발전을 정체시켰다.

방효유의 절의정신은 조선에도 영향을 끼쳐 정도전보다는 정몽주의 절의 정신을 유학의 표상으로 숭상하게 하였다. 뿐만 아니라 영락제는 대규모의 편찬 사업을 진행하였는데, 이는 산재해 있던 유학의 전적을 재정리한다는 긍정적인 측면도 있지만, 역시 성리학의 이론적 탐색 풍조를 저하시키는 부정적 영향도 끼쳤다.

2) 시대정신에 부응하지 못한 주자학 명분주의 이념

필자는 이상의 학술적 분위기 외에 명대 주자학의 명분주의와 직분주의 이념에 대한 시민들의 저항 그리고 계몽사상가들의 명분주의와 직분주의에 대한 비판 등이 왕양명 심학 탄생 원인 중의 하나였다고 생각한다. 유학 명분주의의 근원은 공자의 정명론正名論에 있다.

정명은 어떤 이념인가? 정명의 명名은 개체명이 아니라 관계명이다. 즉 김철수·이영수 등의 이름이 아니라 과장·부장·대통령·부모·자식 등의 관계명칭이다. 이 명칭에는 일정한 의무가 내재되어 있는데, 그 의무를 온전하게 실현하였을 때 비로소 명칭에 합목적적인 삶이라고 할 수 있다. 그것이 공자가 말한 "자신의 위치를 올바르게 정립해야 한다"는 '정위분正位分'이다. '정위분'을 구체적으로 말하면 '자신의 신분과 직분 등에 포함되어 있는 의무를 온전하게 실현해야 한다'는 의미이다. 자신의 직분을 올바르게 세우려면 먼저 타인의 권리를 존중해 주어야 한다. 이것이 바로 '불침권不侵權'이다. 공자는 이를 근거로 "군주는 군주다워야 하고(君君)", "신하는 신하다워야 한다(臣臣)", 그리고 "부모는 부모다워야 하고(父父)"와 "자식은 자식다워야 한다(子子)"는 계층 간의 의무를 제시하였다.

송대에 명분주의를 강하게 주창한 사람은 사마광司馬光(1019-1086)이다. 사마광은 하극상에 대하여 강한 혐오심을 가지고 있었기 때문에 맹자가 주장한 혁명설을 공개적으로 비판하였다. 그는 폭군이 마음에 들지 않으면 신하는 떠나면 될 것이고, 그것도 할 수 없으면 신하가 자결을 하지 왜 군주를 시해하느냐고 반문하기도 하였다니 맹자의 혁명설에 대한 그의 태도가 어떠했는지 짐작이 간다. 물론 하극상의 혼란을 극복하기 위한 사마광의 고심을 부정하지는 않지만, 그의 명분주의는 당시의 시대보다는 명대에 심각하게 나타난다. 왜냐하면 송대의 유학자들은 국가와 민족의 생존에 대한 우환의식과 책임의식을 강하게 간직하고 있었기 때문에 명분주의와 직분주의의 폐해는 크게 나타나지 않았다. 명분주의 폐해의 심각성은 명대에 이르러 구체화된다.

앞에서도 말한 바와 같이 명 왕조는 상당히 폭력적이었고, 폭력의 배후에는 황제 독재의 이념이 자리 잡고 있다. 명대의 황제들은 황제의 권한을 천명설 혹은 천리론으로 고정화시켜 놓고 이를 근거로 정치 이데올로기를 더욱 수구화시켰다. 명대에는 명분주의가 직분주의로 발전하였고, 다시 정분주의定分主義로 발전한다.

원래 공자의 정명론에는 의무가 먼저 전제되고 그 후에 권리를 언급한다. 이러한 공자와 맹자의 정명론에는 '직업은 후천적인 능력과 노력에 의하여 결정되는 것이 아니라 선천적인 분에 의하여 결정된 것이다(職分論)'는 의미도 없고, 또 '신분은 이미 그 신분으로 존재할 수밖에 없는 소이연지리(所以然之理)에 의하여 결정되었다(定分論)'는 의미는 더더욱 없다. 또 그렇게 발전되어서도 안 된다. 그러나 유학의 명분주의는 직분으로 나아갔고, 다시 정분으로 진행되었다.

이러한 답답한 경화硬化에는 주자의 리기론이 원용되었다. 주자에 의하면 모든 사사물물에는 소이연의 리가 있고, 그 리가 그것을 결정한다. 부모라는 이름을 가졌다면, 자녀를 사랑하고 올바르게 양육해야 한다는 의무를 갖는다. 이것이 명분이다. 그러나 군주라는 직위와 노비라는 직위 역시 사물인데, 이 직위 역시 소이연지리에 의하여 결정된 것이라면 절대 바꿀 수 없게 된다.

다시 말하면 신분의 귀천과 능력의 차이가 품수하고 있는 기질에 의해 결정된 것이라고 한다면, 후천적인 노력을 통하여 변화 가능하기 때문에 충분히 수용할 수 있다. 그러나 그러한 차이가 존재론적 근거인 소이연의 리에 의하여 결정된 것이라면 그러한 차이는 '우연'이 아니라 리로서 규정된 '당연'이면서 '필연'이 된다. 즉 상하·빈부·귀천의 차별은 그렇게 존재할 수밖에 없는 결정론적 근거를 갖게 된다. 즉, 존재론적 근거인 소이연의 리가 그렇게 결정하고 기가 그것에 따라서 차이를 드러냈다면 분分은 기가 아니라 리에 의하여 이미 결정된 것이다, 그렇다면 후천적인 노력을 통하여 변화 불가할 뿐만 아니라 변화시켜서도 안 된다.

노비는 노비로서 존재할 수밖에 없는 소이연의 리가 있기 때문에 노비라는 직분에 종사할 수밖에 없다. 비록 군주의 능력이 부족하지만 군주로 태어난 것이 자신의 의지가 아닌 소이연의 리에 의하여 선천적으로 결정된 것이라면 그의 후천적인 행동과 관계 없이 그를 군주의 자리에서 내려오게 해서는 안 되는 것이다.

사실 정분론이건 결정론이건 자연의 영역에서는 하등의 문제가 발생하지 않는다. 그러나 인간의 행위계, 즉 당위의 가치계에서 정리적定理的 명분론을 고수한다면 사회변화의 역동성을 감쇄減殺시킬 위험성이 충분하다. 혹자는 주자는 정분론을 주장하지 않았기 때문에 정분주의의 폐단을 주자에게서 찾아서는 안 된다고 주장할 수도 있을 것이다. 그러나 분명한 것은 주자학에 이미 정분론으로 진행될 수 있는 이론적 근거가 있었다는 점은 부정할 수 없다. 다시 말하면 유리창을 돌로 깬 것은 어린아이지만 그 돌을 만든 사람은 주자이다. 이 점에 대해서 주자에게 책임을 물을 수는 없지만, 주자학에 대해서는 충분한 검토와 변화를 요청할 수 있다.

명 중기에 명분주의 이념은 더욱 폐쇄적으로 운용되어 계몽사상가들로부터 집중 공격을 받는다. 먼저 왕양명이 사민평등론을 내세워 서막을 열었지만, 양명 역시 귀족이라는 한계를 완전하게 벗어나지는 못한다. 양명의 뒤를 이어 왕간王艮(1483-1541)시대에 이르러 종속적 이데올로기인 삼강의 비합리성을 타파하면서 "운명은 스스로 만들 수 있다"는 조명론造命論과 "군주와는 도를 매개체로 수평적으로 교우할 수 있다"는 사우론師友論 등의 평등윤리를 전개한다.

조명론은 정분론에 대한 비판이다. 그보다도 더욱 혁신적인 주장은 사우론이다. 군주와 일반인의 신분은 동일하지 않기 때문에 결코 붕우의 관계로 정립할 수 없다. 그러나 동일하게 성인의 도를 추구한다는 점에서 보면 동일성을 확보할 수 있다. 도라는 교집합에서 보면 군주와 일반인도 붕우의 관계로 정립될 수 있다는 것이 왕간의 주장이다. 그렇다고 당시에 전제왕조의 타도라는 혁명적인 주장은 하지 않는다. 그러나 주자학을 중심으로 시대의 정신을 반영하지 못하고 오히려 퇴보적 경향을 보이는 당시의 이데올로기는 양명을 비롯한 심학자들의 심령을 자극하기에 충분하였다.

4

주자학에 대한 양명의 비평
그리고 오해

상산은 『맹자』라는 책을 읽고서 스스로 심즉리를 터득自得하였다고 한다. 반면 양명의 경우는 37세에 용장에서 도를 깨닫기 전에는 상산철학과 특별한 인연을 맺고 있는 흔적은 보이지 않는다. 오히려 양명은 철저하게 주자학에서부터 시작하였고, 다른 학자들보다 주자학에 더욱 전념한 흔적도 보인다. 양명이 젊은 시절에 대나무를 격格하였다는 사실은 그가 주자의 격물궁리를 단지 서책으로만 접하지 않고 현실에서 구현하려고 노력하였음을 보여 준다. 대나무까지 '격'하였는데, 그 이전에 부모형제와 사우師友 등 가까운 인물과 관련된 도덕행위에 대해서는 격물이라는 방법을 사용하지 않았겠는가? 그러나 양명은 결국 주자학의 정수를 장악하지 못하였고, 37세에 '용장에서 심즉리를 깨달음(龍場悟道)'을 기점으로 주자학에서 완전히 탈피한다.

양명이 주자학에 관심을 보인 것은 양명의 도덕생명이 주자학과 모종의 동질감을 느꼈기 때문이라기보다는 당시의 시대적 상황 때문인 것 같다. 양명 당시는 과거에 응시하려면 주자에 의하여 주해된 『논어집주』와 『맹자집주』 그리고 『중용장구』와 『대학장구』를 탐독하지 않으면 안 되었다. 팔고문이라는 과거시험의 형식도 문제였지만 당시 주자학은 관학의 위치를 차지하고 있었기 때문에 양명 역시 주자학과의 인연은 본인의 사유구조와 관계없이 운명적으로 맺을 수밖에 없었던 것이다.

양명이 주자학에서 느꼈던 최대 번민은 심과 리가 둘로 되어 하나로 결합되는 데 자연스러움을 느끼지 못함에 있었다. 이러한 학술적 방황은 37세까지 지속되다가, 37세에 마침내 자신의 본성에 이미 모든 리(萬理-衆理)가 충분하게 갖추어져(具足) 있음을 절실하게 깨달았고, 그 후부터 격물궁리처럼 밖으로 향하는 공부를 취하지 않고 맹자의 "자신을 뒤돌아보고 성찰하여 시비선악을 판단한다(反求諸己)"와 상산의 "도덕본심을 먼저 회복해야 한다, 혹은 도덕본심을 발명해야 한다(復其本心 혹은 發明本心)"는 공부 방법을 선택한다.

이상의 학술 규모 결정과 아울러 양명이 지행합일과 심즉리 및 치양지를 주창하면서 주자의 선지후행先知後行의 지행론과 성즉리 및 격물궁리를 비평하자, 이에 대하여 주자학자들이 반론을 전개하면서 명 중기는 주자와 육상산에 의하여 촉발되었던 주륙지변朱陸之辨의 제2장으로 확전되었다.

명 중기에 양명의 심학은 마치 횃불과 같았다. 비록 주자학을 따르는 학자들이 절대 다수를 차지하고 있었지만 그들은 촛불과 같은 희미한 불빛의 다수에 불과하였다. 양명은 당시 성리학자의 의식과 행태를 직접 거론하지 않고 그것들의 근원인 주자학의 기본 체계를 과감하게 공격하면서 성리학의 전체 규모를 뿌리째 흔들기 시작하였다. 때문에 양명학에 대한 주자학의 반격 역시 거셌고, 단지 학술적인 비평만이 아니라 정치적으로도 탄압하기 시작하였다. 양명 당시에 양명학 전습(傳習) 금지령이 두 차례 반포된 것만을 보더라도 양명의 심학에 대한 주자학의 두려움과 반격의 정도를 가늠할 수 있다.

그러나 양명이 비록 주자학에 대하여 공세적 태세를 취하면서 당시의 학술계의 주도권을 장악하였지만, '주자철학에 대한 양명의 비판은 주자학의 실상과 부합하였는가?' 실상에 부합하지 않는 부분이 많이 나타났기 때문에 후대에 수많은 성리학자들이 양명을 비판한 것이다. 또 양명은 주자학이 공자와 맹자의 학통에서 벗어난 이단이라고 규정하지만 주자학이 정말 이단인가? 필자는 이에 대하여 강한 회의감을 갖고 있다.

양명의 심즉리와 지행합일 그리고 치양지 철학은 분명 공자와 맹자 철학의 적통임이 분명하다. 또 유학은 본래 '앎'에서 그치는 것이 아니라 앎을 실천을 통하여 완성하기 때문에 실천이 부재하다면 이는 곧 알지 못함과 다를 바 없다. 이러한 생동감 넘치는 양명철학은 당시 주자철학자들을 경각시키기에 충분하였다. 그러나 양명 역시 주자철학의 실상에 대한 이해 부족으로 말미암아 많은 곳에서 주자를 무고하고 있다. 이 점에 대하여 분명한 인식이 있어야만 주자에 대한 양명의 비판, 그리고 '왜 양명이 주자를 그렇게 비판할 수밖에 없었는가'와 후대에 수많은 성리학자들이 왜 양명을 그토록 극렬하게 비판하였는가를 올바르게 파악할 수 있다.

양명은 『전습록』에서 성즉리·격물궁리·지행론·신민설新民說·「주자만년정론朱子晚年定論」을 통하여 주자학을 비판한다.[07] 그 중 『대학』의 친민親民과 신민 논쟁은 『대학』에서 충분히 양명의 주장을 방증할 수 있는 자료를 찾을 수 있다. 그러나 「주자만년정론」은 그야말로 양명의 헛발질이다. 양명철학에 대하여 우호적인 입장을 취하고 있는 학자들도 「주자만년정론」에 대해서는 언급을 회피한다. 육왕철학을 공맹철학의 적통으로 내세우고 있는 현대 신유가의 대표학자인 모종삼牟宗三 역시 「주자만년정론」에 대해서는 아예 언급도 하지 않는다. 왜냐하면 아무리 양명이

---

07 필자는 선행연구(「양명의 주자철학 비판의 適否에 관한 고찰」, 『범한철학』, 제79집, 범한철학회, 2015)에서 이 주제에 관하여 상세하게 논의한 바 있다. 이곳에서는 선행연구를 근거로 요약 정리하였다.

「주자만년정론」의 정당성을 강조한다고 할지라도 그 안에 수록된 서신들이 주자의 만년정론이라고 칭하기에는 사실관계가 일치하지 않기 때문이다. 게다가 약간 좋지 않은 의도도 보인다.

이 장에서는 성즉리와 격물궁리 그리고 「주자만년정론」 세 주제를 논할 것이다. 신민설과 지행론은 양명의 친민과 지행합일을 논할 때 함께 논의될 수밖에 없기 때문에 이 장에서는 논의하지 않겠다.

1
성즉리

성즉리와 심즉리, 이것은 주자와 양명철학을 구분하는 가장 간결한 명제이다. 그러나 앞에서도 설명한 바와 같이 두 명제의 진술 형태는 극히 단순하지만 그 안에 포함되어 있는 의미는 매우 복잡하다. 우선 성즉리와 심즉리는 결코 '오로지 성만이 리이다(性卽理)'와 '오로지 심만이 리이다(心卽理)'는 단순명제의 차이로 이해해서는 절대 안 된다. 주자철학에서는 성즉리는 긍정하였지만 심즉리는 부정하였다. 그러나 육상산과 왕양명의 심즉리는 '심즉리이면서, 성즉리이고, 심즉성'이다. 거의 대부분의 학자들이 오로지 성즉리와 심즉리라는 명제의 차이만을 중시할 뿐 상산과 양명에서 '심'과 '성' 그리고 '리'가 등가관계의 일자, 즉 내용은 동일하지만 외연적 개념만이 서로 다르다(同實異名)는 사실을 간과한다.

사실 그 이유는 후대 유학자들의 무지함에 있지만, 상산과 양명의 표현법에서도 원인을 찾을 수 있다. 왜냐하면 『상산전집』과 『전습록』에는 '심즉성' 혹은 '성즉리'라는 표현이 거의 없다. '심즉리'가 압도적으로 많이 출현한다. 그러나 상산과 양명도 그럴 수밖에 없는 이유가 있다. 상산과 양명 당시에 천하의 유학계는 이미 주자학이 주류였기 때문에 성즉리 혹은 성즉심을 주장해도 그것의 본의가 전달되기 어려웠을 뿐만 아니라 주자학과의 차별화는 물론이고 오히려 그것으로 말미암아 주자학에 매몰될 수 있는 가능성도 있었다. 또한 성즉리 혹은 성즉심이라는 표현으로는 심학의 특성인 의지의 자율성과 규범에 대한 입법성을 적극적으로 드러내는 데 한계도 있다.

상산의 심과 양명의 심 그리고 양지에 대한 주자학자들의 오해는 거의 동일하다. 하나는 육왕의 '심을 기로 인식한다(心卽氣 혹은 心屬於氣)'는 것이고, 다른 하나는 불교의 '마음이 곧 부처이다(心

即佛)'로 인식하는 것이다. 이러한 상황은 조선 성리학에서도 마찬가지이다. 왜냐하면 주자는 심을 기의 령(氣之靈) 혹은 정상精爽으로 규정하였기 때문이다. 비록 주자학에서 심은 격물궁리를 통하여 형이상자의 영역인 도심道心의 경지로 승화될 수 있지만, 개념적으로 심은 형이하자인 기의 범주에 속한다. 이처럼 명대의 주자학자와 조선의 성리학자들은 주자학의 심성 분계를 그대로 육왕 심성론에 적용하여 심을 기로 인식하면서 "육구연과 왕양명은 리를 형이상자로 인식하지 않고 기를 형이상자로 추존한다"고 무고한다. 현대의 학계에도 이러한 인식이 잔존하고 있으니 당시의 상황에서 주자학자의 인식은 더더욱 심했을 것이라는 점은 불문가지이다.

또 주자학자들은 왜 불교의 심과 육왕의 심을 동일하게 인식하는가? 이유는 있다. 육왕의 심과 불교의 심에 포함된 내용을 잠시 차치하고 외형만을 본다면 상당히 유사하다.

첫째, 불교에서는 일체유심조一切唯心造를 주장한다. 이 세상의 모든 것은 마음에서 비롯된다는 것이다. 육왕에서도 심에서 리를 도출할 뿐만 아니라 "내 마음이 곧 우주이다(吾心卽是宇宙)"라고 하며, "내 마음 밖에 어떤 일도 없고(心外無事)", "어떤 사물도 없다(心外無物)"고 하니 불교의 '일체유심조'와 어떻게 다른가? 외형적인 사유구조만을 보면 똑같다. 때문에 유학에 정통하지 않거나 주자학에 대한 선입견이 강한 사람들이 육왕의 심학을 불교와 동일시한 것은 어쩌면 자연스러운 일일 것이다.

둘째, 선종에서는 "마음에서 마음의 본래 모습인 성을 깨달아야 하고, 마음의 본래 모습을 깨달았다면 그것이 곧 성불한 것이다"는 즉심견성卽心見性, 견성성불見性成佛을 주장한다. 불교의 '즉심견성'은 육왕의 심즉리와 그 외적 형태가 동일하다. 맹자 역시 "내 마음을 충분히 실현하면 본성을 알 수 있다(盡心則知性)"고 한다. 필자는 앞에서 누차 맹자의 심과 성은 동일실체에 대한 서로다른 명칭에 불과하다는 점을 밝혔다. 즉 맹자가 단지 심즉리 혹은 심즉성이라는 명제를 언표하지 않았을 뿐 맹자의 도덕론에는 심즉리가 이미 포함되어 있다. 그렇다면 '진심즉지성'을 어떻게 해설해야 할까? 필자는 '진심즉지성'을 "마땅히 도덕가치를 실현해야 할 때 무조건적으로 드러나는 심이야말로 사람이 사람으로서 존재할 수 있는 근거, 즉 본질(성)임을 자각한다"로 해석한다. 그렇다면 선종의 '즉심견성, 견성성불'과 육왕의 심즉리가 어찌 동일하게 보이지 않겠는가?

셋째, 『대승기신론』에서는 일심개이문一心開二門을 내세우는데, 이는 진리인 진여문眞如門과 미망의 생멸문生滅門을 모두 마음에서 찾는 것이다. 이것은 심학자의 인심도심설人心道心說과 매우 유사하다. 인심도 마음이고, 도심 역시 마음이다. 인심과 도심은 곧 내 마음의 다른 표현에 불과하니 이는 곧 『대승기신론』의 '일심개이문'과 무엇이 다른가?

그러나 우리는 다음 몇 가지 점을 분명하게 파악하고 있어야 한다. 하나는 바로 불교의 심성과 육왕의 심성이 문자는 동일하지만, 그 문자가 내포하고 있는 의미는 전혀 다르다는 점이고, 다른 하나는 불교에서 취하는 형태와 유학의 형태가 유사할지라도 그것이 곧 두 학설의 교집합을 의미하는 것은 아니라는 점이다. 불교에서는 비록 공즉색空卽色이고 색즉공色卽空이라고 하지만, 불교의 중심은 공空에 있다. 현상을 괴로움苦으로 인식하고 사리의 세계관을 내세우고 있는 점이 바로 이를 증명한다.

그러나 유가에는 색공色空의 분별이 없다. 좀 더 정확하게 말하면 '공'이라는 세계관이 존재하지 않는다. 왜냐하면 유가의 세계관은 유(有)에서 유(有)로의 영원한 변화(生生不息)에 불과할 뿐 무(無)라는 '없음'을 전제하지도 않고 지향하지도 않기 때문이다. 또 불교의 심은 식심識心이거나 선종의 자성청정심自性淸淨心이다. 물론 식심을 인심人心으로 규정하고, 자성청정심을 도심道心이라고 규정할 수도 있지만, 그것은 불교식의 구분일 뿐 유가와는 그 내용

이 전혀 다르다. 유가에서 심, 특히 육왕에서 심은 철저하게 인의
예지의 도덕규범을 내용으로 한다.

주자를 비롯한 중국과 조선 성리학자의 육왕학 이해는 거의 오
류라고 해도 무방할 정도로 수준이 천박하다. 그러나 예외도 있
다. 조선 후기의 전북 출신인 석정石亭 이정직李定稷(1841-1910)의 경
우 「논왕양명論王陽明」에서 양명학을 혹독하게 비판하였는데, 상
당 부분 양명을 곡해하고 있지만, 어떤 부분에 대한 비평은 양명
학의 허점, 그리고 주자에 대한 양명 비판의 부당성을 예리하게
지적하기도 한다.

필자는 석정 이정직을 제외하고 육왕학에 대한 주자학자의 비
판이 실상과 일치한 경우를 거의 보지 못했다. 그렇다면 주자학
에 대한 심학자의 비평은 정당한가? 필자의 대답은 매우 부정적
이다. 즉 양명에 대한 주자철학자의 이해 정도와 주자에 대한 양
명의 이해 정도는 반근팔량半斤八兩(반근과 팔량의 무게는 동일함)에 불
과하다.

주자철학의 심성론에 대한 양명의 대표적인 오해는 주자의 성
즉리설을 고자의 의외설義外說로 인식한다는 것에 있다. 유학계에
서 고자와 양주 그리고 묵자, 불교 등은 이단의 대표적 학설이다.
고자와 양주 그리고 묵자의 학설에 대한 이단론은 실제로는 선

진시대에만 유효하지만, 유가철학에서는 습관적으로 고자와 양묵 그리고 도불을 병렬하면서 이단이라고 공격한다. 따라서 양명이 주자의 성즉리를 고자의 '의외설'로 비평하는 것은 주자학이 곧 이단이라는 것과 동일하다. 심지어 양명은 주자의 학설을 패도覇道(伯道)로 규정한 적도 있으니 이단이라는 비판이 이상할 것도 없다.

그렇다면 주자의 성즉리설이 고자의 '의외설'과 같은 것이고, 유사한 성격의 이론인가? 결론부터 말하면 성즉리설과 의외설의 다름은 천양지차라고 할 수 있다. 양명의 제자이면서 사위인 서애徐愛가 "주자는 모든 사물에 하나의 불변의 리(定理)가 있다고 생각하였는데, 이러한 주장은 선생님의 주장(심즉리)과 다르다"고 묻자 양명은 "사물에서 지선至善을 추구하는 것은 고자의 의외설이다"(『전습록』, 「상」)라고 대답한다. 고자의 의외설은 도덕 시비선악의 판단과 도덕실천 여부를 외적인 대상이 결정한다는 의미이다. 즉 내가 윗사람에 대하여 존경심을 표현하는 것은 내 마음에 존경심과 존경의 도리가 있어 그것이 윗사람에게 표출되는 것이 아니라 그 사람이 어른이기 때문에 내가 존경심을 표현하는 것이다. 따라서 어른이라는 외적 대상이 의義(존경)라는 도덕행위를 결정하는 것이다.

주자의 성즉리는 '인간의 도덕적 본성이 곧 도덕원리 혹 도덕법칙 혹 도덕규범이다'는 의미이다. 따라서 원론적으로 말하면 리는 외적인 대상에 있는 것이 아니라 내적인 자신의 본성에 선천적으로 갖추어져 있는 것이다. 또한 주자는 '심은 리를 갖추고 있다'는 심구리心具理를 긍정한다. 물론 주자철학에서 '심구리'가 후천적인 갖춤의 의미도 있지만, 선천적인 갖춤의 의미도 있다. 만일 주자철학에서 '심구리'가 거경과 격물궁리를 경유하여 이루어진 후천적인 갖춤이라면 어린아이가 우물에 빠지려고 하는 찰나에 드는 측은한 마음도 거경함양과 격물궁리를 경유하여 드러난 것이라고 해야 할 것이다. 필자는 주자가 아무리 격물치지와 궁리를 강조한다고 할지라도 측은지심과 같은 사단지심은 심에 본래 갖추어진 인의예지의 즉각적인 발현이라는 점에 대해서는 결코 부정할 수 없다고 생각한다. 사실 『주자어류』와 『주문공문집』에는 필자의 생각과 유사한 주자의 언설이 상당히 많다.[08]

---

08 『주자어류』에 소개된 다음의 구절을 보면 주자의 '心具理'가 '본래적 갖춤'의 의미도 갖고 있음을 알 수 있다. "性便是心之所有之理, 心便是理之所會之地."「卷5」・"心以性爲體, 心將性做餡子模樣. 蓋心之所以具是理者, 以有性故也."「卷5」・"心之全體湛然虛明, 萬理具足, 無一毫私欲之間."「卷5」・"一心具萬理. 能存心, 而後可以窮理."「卷9」・"心包萬理, 萬理具於一心. 不能存得心, 不能窮得理. 不能窮得理, 不能盡得心."「卷9」・"理不是在面前別爲一物, 即在吾心. 人須是體察得此物誠實在我, 方可."「卷9」・"大凡道理皆是我自有之物, 非從外得. 所謂知者, 便只是知得我底道理, 非是以我之知去知彼道理也. 道理固本有, 用知, 方發得出來."「卷17」・"大凡理只在人心."「卷21」・"人心皆自有許多道理, 不待逐旋安排入來. 聖人立許

136

심학자들은 주자의 성즉리설을 비판할 때 성즉리 자체보다는 주자의 격물궁리의 형식적인 구도만을 근거로 '의외설'이라고 폄하한다. 주자는 구체적인 사물에 접接(格)하여 그 사물과 자신 사이에 마땅히 존재해야 할 도리가 무엇인지를 궁구하여 그것으로서 자신의 감정을 선으로 제어하여 선행을 실천해야 한다고 주장한다. 격물궁리만을 독립적으로 놓고 보면 고자처럼 바깥의 대상에서 시비선악의 표준(理)을 습득하는 것 같다. 그러나 주자의 격물궁리는 그리 단순하지가 않다.

'성이 곧 리'이기 때문에 모든 리(衆理)는 성에 본래적으로 갖추어져 있다. 그러나 주자철학에서 성은 단지 리(只是理)이기 때문에 성 자신이 스스로 진동하여 도덕행위를 유발하는 것이 아니라 반드시 심이라는 지각주체의 인식활동에 의하여 심과 합일한 후에 감정을 선으로 조절할 수 있고 선행을 실현할 수 있다. 그렇다면 심이 밖의 대상에서 리를 구해 오는가? 다음의 기록을 보면 심이 리를 결코 밖에서만 추구하지 않음을 명확하게 알 수 있다.

무릇 도리는 모두 내게 본래부터 갖추어진 것이지 밖으로부터 온

多節目, 只要人剔刮得自家心裏許多道理出來而已.「卷23」·"聖賢與衆人皆具此理, 衆人自不覺察耳."「卷130」·"萬理皆具於吾心, 須就自家自己做工夫, 方始應得萬理萬事."「卷130」

것이 아니다. 이른바 지각한다는 것은 단지 나의 도리를 지각한다는 것이지 나의 지각 작용으로써 저 도리를 지각한다는 것이 아니다. 도리는 본래부터 스스로 있는 것이어서 지각 작용이 발현될 때 비로소 출현된다. _『주자어류』「권17」

심은 모든 리를 갖추고 있다. 비록 심이 무엇에 막혔다고 할지라도 심에 갖추어진 리는 존재하지 않는 적이 없다. 그러나 (심이) 막혀 격리되었을 때 심은 심이고, 리는 리이어서 서로 모여 한곳에 있지 않으니 마치 두 개의 서로 다른 존재인 것 같다. 격格을 아직 하지 않았을 때는 이 일물一物의 리와 심은 서로 들어가 하나가 됨을 싫어하지 않으니 마치 심 밖의 리인 것 같기도 하고, 나의 마음은 요연해 아무것도 없는 것 같다. 이미 (리를) '격'하여 인식하였다면 저 사물의 리는 내 마음에 원래 있는 존재 같이 느껴진다. 무릇 리는 내 마음에 있는 것으로서 아직 알지 못했다고 해서 없는 것이 아니고, 이미 알았다고 해서 있는 것도 아니다. … 선생(주자)이 답하여 말하였다. 지극히 옳다. _『주자어류 속집』「10권」

원래 리는 자신의 심에 본래 갖추어져 있다. 격물치지를 하지 않았다고 해서 심에 리가 부재한 것이 아니다. 단지 격물궁리를 하지 않으면 심에 본래 갖추어진 리를 알 수 없다. 즉 격물궁리를 경유하지 않으면 심은 자신이 갖추고 있는 리(성)가 자신의 덕임을 인지하지 못할 수 있다. 따라서 주자는 심에 갖추어진 리를 인식하는 방법으로 거경함양과 격물궁리를 제시한다.

그렇다면 왜 주자는 심 스스로 자아성찰을 통하여 자신에게 갖추어진 리를 인식하라고 하지 않고 격물궁리를 해야 한다고 하는가? 여러 이유가 있지만 필자는 가장 본질적인 것으로서 심의 도덕시비선악 판단에 대한 객관성을 제고하기 위함이라고 생각한다. 주자는 불교와 유가의 차이를 도덕 시비선악 판단의 객관성 확보에서 찾는다. 불교, 그중에서도 특히 선종에 의하면, "자신 마음의 본래면목을 보는 것이 바로 성불의 근본 방법"이기 때문에 부처와 중생뿐만 아니라 모든 법칙 역시 주관적인 심에서 찾는다.

이 점은 심즉리를 긍정하는 육왕철학도 마찬가지이다. 심이 곧 법칙 자신이기 때문에 의지의 자율성은 확보할 수 있지만, 반면 주관성을 극복하기 어렵다는 난제도 함께 갖고 있다. 왜냐하면 동일한 도덕의지에 의거하여 선악을 판단하였다고 할지라도 선의 형상은 얼마든지 차별적으로 드러날 수 있기 때문이다. 선의 형상이 천차만별이라면 도덕규범의 보편성과 객관성은 어떻게 확보할 것인가? 만일 선의 형상이 극단적으로 다르게 나타나면 그 판단에 대하여 합리성과 객관성을 긍정할 수 있을까?

주자는 성즉리를 긍정하고, 또 심에 리가 본래적으로 갖추어져 있음을 긍정하였지만 밖의 대상과의 접촉을 통하여 자신의 판단을 지속적으로 객관화한다. 이것이 바로 심이 지식을 누적하는 적습積習이고 적루積累이다. 한 차례 격물궁리하여 일분一分(10%)의 객관성을 제고하고, 또 한 차례의 격물궁리를 통하여 일분의 객관성을 제고하여 이성을 갖춘 모든 사람에게 유효하게 적용될 수 있는 도덕판단을 추구한다. 이것이 바로 주자철학의 최대 장점이고, 시대정신에 적합한 유가의 응변인 것이다.

필자는 주자와 양명이 성즉리와 심즉리라는 판이한 심성론을 내세웠지만, 이를 근거로 두 사람 도덕론의 우열을 결정할 수 없고, 상대방을 이단의 학설로 규정할 수도 없다고 생각한다. 마찬가지로 자신의 심성론을 근거로 상대방의 심성론을 불교의 선종 혹은 고자의 의외설이라는 이단으로 규정할 근거도 전혀 없다. 유가의 도덕론은 육왕의 심즉리로도 정립 가능하고, 주자의 성즉리로도 해설 가능하다. 가장 중요한 것은 두 가지이다.

첫째, 세계관이다. 주자와 육왕이 제시하고 있는 성즉리와 심즉리가 공자와 맹자 그리고 순자에 의하여 전승되어 온 유학의 세계관과 부합하는가? 공자와 맹자·순자는 이 세계의 현실태는 비합리적(無道)이지만 어떤 합리적인 질서가 본래부터 있었기 때문에 인혁因革과 경장更張의 원칙에 입각하여 시대의 정신에 부합하는 새로운 합리적 질서를 부여하면 세계는 곧 원래의 질서정연한 모습으로 재정립될 것이라고 확신하였다. 또 공자·맹자·순자에 의하면, 도덕행위계뿐만 아니라 존재계 역시 생생불식生生不息의 영원한 有의 연속이다. 공자가 물의 흐름이 단절되지 않고 계속 흐르는 것처럼 도덕행위 역시 간단間斷없이 지속되어야 한다고 했듯이 주자와 양명 역시 앎(知)과 실천(行)이 단절 없이 연속되어야 함을 줄곧 강조하였다. 마찬가지로 음양무시론陰陽無始論과 동정무단론動靜無端論으로써 우주 변화의 무시무종無始無終[09]을 긍정하였다.

둘째, 주자는 성즉리와 격물궁리로써 도덕 시비선악판단의 객관성을 제고하였고, 양명은 심즉리로써 도덕규범에 대한 의지의 자율성을 극대화하였다. 이 두 가지의 특징은 유가철학발전사에서 반드시 출현되어야 할 시대적 과제였고, 소명이었다. 주자학을 중심으로 한 리학자들은 심학을 불교 또는 양묵楊墨이라는 이

---

[09] 음양무시와 동정무단은 동일한 의미를 음과 양 그리고 동과 정이라는 다른 개념을 사용하여 표현한 것에 불과하다. 無始는 음이 시작도 아니고 양 역시 시작이 아니라는 의미이고, 동과 정 역시 마찬가지이다. 만일 음이 시작이라면 양은 마침이 된다. 하나의 구체적인 개체물에서 보면 생성이라는 시작과 소멸이라는 마침이 있지만, 우주 전체에서 보면 단지 부단한 변화의 연속일 뿐이다. 이것이 바로 유가의 유(有)의 세계관이고, 『역경』에서 말한 미제관(未濟觀)이다.

적夷狄 사상으로 폄하하지 말아야 하고, 양명을 중심으로 한 심학자들 역시 주자학을 심과 리를 둘로 나누는 패도(伯道)의 학설로 규정해서는 안 된다. 리학과 심학 사이에 학술의 본질과 관계없는 불필요한 헤게모니 논쟁은 객관적인 학술사상의 입장에서 보면 편협한 독선에 불과하다. 학술의 차이성은 곧 철학의 발전사 그 자체이기 때문에 학술사상계에 종사하는 사람으로서 당연히 해야 할 작업이다. 또 자신이 선택한 학술사상과 그 가치에 대하여 자부심과 존중의 마음을 갖는 것 역시 허용되어야 하고 존중받아야 한다. 그러나 자신의 학술사상에 대한 지나친 존중과 집착으로 말미암아 타자의 학술에 대하여 무리한 비판과 부정적인 태도를 취한다면 이는 이단과 정통이라는 끝없는 타자 부정의 악순환만을 양산할 것이다.

2
격물치지

필자가 보기에 주자학 전체 규모 중에서 양명의 오해가 가장 심한 곳은 아마 주자의 격물치지(궁리)인 것 같다. 격물치지의 원래 출처는 『대학』이다. 『대학』의 작자에 대해서는 정설이 없다. 주자는 비록 『대학』을 증자의 작품이라고 하였지만 신뢰할 수 없다. 공자에서 증자로 다시 자사에서 맹자로 전승되는 도통에서 『논어』는 공자의 언행록이고, 『맹자』는 맹자와 그의 제자들이 맹자의 언행을 기술한 실록이며, 자사는 『중용』[10]을 지었다고 하는데, 오로지 증자만이 저술이 없다. 주자는 이 점을 안타깝게 생각하여 하나의 억지 가설을 내세웠는데 그것이 바로 『대학』을 증자가 저술했다는 설이다. 다시 말하면 주자는 사실적 입장에서 『대학』의 저자가 증자라고 하는 것이 아니라 당위론적 입장에서 '『대학』은 증자가 저술했어야 한다'고 생각했을 뿐이다. 자사의 『중용』 저작설도 의문이 많지만 증자의 『대학』 저작설은 그 가능성이 거의 제로에 가깝다.

주자는 대학의 격물치지를 수양론의 핵심으로 삼는다. 사실 주자가 『논어』와 『맹자』 그리고 『중용』과 『대학』의 사상을 전체적으로 수용하였지만, 그중에서도 주자학의 근간을 이루는 것은 『대학』이다. 『대학』에 대한 주자의 열정은 대단하였다. 그는 "온공(사

---

[10] 자사가 『중용』을 지었다는 설 역시 고증할 방법이 없다.

마광)이 『자치통감』을 지으면서 내 평생 동안 열정을 이 책에 쏟았고 『논어』와 『맹자』에 대해서는 오히려 힘을 쏟지 않았다고 하였는데, 나 역시 『대학』에 온 정성을 쏟았다"(『주자어류』「권14」)고 하였고, 또 "『대학』은 한 글자도 함부로 써지지 않았다"(『주자어류』「권14」)고 하였다. 뿐만 아니라 주자는 죽기 3일 전까지 『대학』의 성의誠意 장章을 수정하였다고 하니 『대학』에 대한 주자의 관심과 열정이 어느 정도였는지 어렵지 않게 알 수 있다.

『주자어류』「권14」에는 자신의 철학사상에서 『대학』이 차지하고 있는 『대학』의 위상이 상세하게 소개되어 있다.

먼저 『대학』을 읽고서 학문의 규모를 결정해야 한다.

『대학』은 하나의 큰 성곽이다. 『대학』은 밭문서를 사는 것에 비유할 수 있고, 『논어』는 밭고랑의 크고 작은 곳에 가서 한 단락 한 단락 차례대로 경작해 가는 것에 비유할 수 있다.

『대학』은 자기를 수양하고 남을 다스리는 규모이다. 사람이 집을 짓는 것과 비슷한데, 집을 지으려면 먼저 터를 닦아야 한다.

『대학』이라는 책은 길을 떠나는 여정과 유사하다. 어떤 곳에서부터 어떤 곳에까지 가는 데 몇 리가 되고, 또 어떤 곳에서부터 어떤 곳에까지 가는 데 몇 리가 된다는 것이다. 이러한 길의 여정을 알아야만 출발할 수 있다.

　주자에 의하면, 『대학』은 자신 학술의 기본 틀이고 자신을 수양하고 타인을 교화하는 전범典範이다. 또 『대학』은 모든 학술 전개의 방향, 즉 이정표이다. 심지어 주자는 "『대학』으로써 학문의 규모를 결정한 후에 『논어』를 읽고서 그 학문의 근본을 세워야 하고, 그 다음에 『맹자』를 읽고서 그 학문의 발전을 보아야 하며, 다음에 『중용』을 읽고서 옛 사람들의 미묘한 의리를 추구해야 한다"고 하였다. 주자가 『대학』을 밭문서에 비유하고 『논어』는 밭고랑의 크고 작은 곳에 가서 한 단락 한 단락 차례대로 경작해 가는 것에 비유한 것만 보더라도 주자철학에서 『대학』이 차지하고 있는 위상을 쉽게 알 수 있다.

　양명은 주자철학에서 『대학』의 위상 그리고 그중에서도 격물치지가 핵심이라는 것을 이미 잘 알고 있었기 때문에 주자가 개정한 『개본대학改本大學』을 표준으로 삼지 않고 『예기』 속의 『고본대학古本大學』을 정본定本으로 삼았다. 또한 격물치지를 기본 틀로 삼았지만 주자와는 전혀 다른 내용을 부여한다. 주자에서 격格은 여러 의미로 사용되지만, 그중에서 가장 쉽게 드러나는 것은 '이르다(至)'와 '접촉(接)'이다. 반면 양명은 『논어』의 '격'(『위정』 有恥且格)

자 의미, 즉 '바르게 하다'의 '정正' 자를 취하여 격물을 정물正物로 해석한다. 또한 주자가 치지를 '심이라는 지각능력을 확충한다'와 '이미 알고 있는 지식을 근거로 확충한다'로 해석하자 양명은 치지를 치양지로 해석한다.

사실 『대학』이라는 고전에 출현하는 의미를 어떻게 자신의 학술체계에 안착시키는가에 관해서는 정론이 없다. 고전은 후대의 학자들에게 무한한 창의력과 상상력을 제공한다. 따라서 주자의 해설과 양명의 해설 중에서 어느 것이 정론인가의 문제는 적어도 순수철학적 입장에서는 그리 중요한 문제가 아니다. 그러나 양명은 주자의 격물치지의 본의를 올바르게 이해하지 못하고 무고하는 오류를 범한다.

먼저 '격' 자에 대한 오해를 소개한다. 양명은 『전습록』「중」에서 주자의 '격'을 '이르다'로 규정한다. 양명의 이해가 틀린 것은 아니다. 그러나 '격' 자에서 '이르다'의 의미는 주자가 부여한 '격' 자의 여러 의미 중에서 한 가지 의미에 불과하다. 격은 본래 '신이 강림하다'의 의미이기 때문에 '내려오다'의 강降에서 '온다'의 래來로, 다시 '이르다'의 지至로, 마지막으로 '만나다'의 접接으로 의미가 확장된다. 따라서 문자의 의미만을 분석한다면 주자의 '지至'와 '접接'의 의미는 근거가 있지만 양명의 '정正'자의 의미는

146

근거가 없다. 때문에 대부분의 학자들이 양명의 정물설은『대학』
의 격물과 본질적 관련이 없는 양명의 창의적 해설이라고 주장
한다.

양명철학에서 격물(정물)은 치양지의 결과이다. 치양지를 통하
여 시비선악을 분별하고 다시 선을 좋아하고 악을 싫어하는 마
음(好善惡惡)을 구체적으로 표현(爲善去惡)하여 하나의 선행을 이루
고 다시 행위의 대상으로 하여금 올바른 위치를 확보하게 하여
(使事事物物得其正所) 자신과 원만무애한 무대립의 관계를 설정한다
(與物無對 혹은 與物同體). 이것이 바로 양명이 해설한 격물의 전체 과
정이다.

그러나 양명은 주자의 격물을 '이르다(至)'로 규정하는데, 주자
의「격치보전格致補傳」을 보면, '이르다'와 '접촉接'의 의미와 함께
'앎이 지극한 경지에 이르다'는 지지知至의 의미도 포함되어 있다.
주자는「격치보전」에서 다음과 같이 말한다.

치지가 격물에 있다고 하는 것은 나의 앎을 지극히 하고자 하면 사
물에 이르러 그 사물의 이치를 궁구해야 함을 말한 것이다. 대개 사
람 마음의 허령함은 모르는 바가 없고, 천하의 사물에는 이치가 있
지 않음이 없지만 사물의 이치를 다 궁구하지 못하였기 때문에 지

식에도 극진하지 못한 바가 있는 것이다. 그러므로 『대학』에서 첫 번째 가르침은 반드시 학자들로 하여금 천하의 사물에 이르러 이미 알고 있는 이치를 더욱 궁구하여 지극함에 이르게 하는 것이다. 노력함이 오래되면 어느 날 환히 툭 틔어 관통함에 이르면 모든 사물의 겉과 속, 정밀함과 거침이 이르지 않음이 없고, 내 마음의 전체 대용大用은 밝혀지지 않음이 없게 된다. 이것을 일러 사물의 이치를 궁구했다고 하는 것이며, 이것을 일러 앎의 지극함이라고 한다.

주자가 말한 "노력함이 오래되면 어느 날 환히 툭 틔어 관통함에 이르면 모든 사물의 겉과 속, 정밀함과 거침이 이르지 않음이 없고, 내 마음의 전체 대용은 밝혀지지 않음이 없게 된다"는 것이 지지(知至)이고 격물의 완성이다. 주자의 격물에서 '이르다'와 '접촉'은 문자적 근거가 있지만, '지지'의 의미는 문자적 관련이 희박하다. 따라서 지지는 『대학』의 격물에 대한 주자의 창의적 해석이라고 할 수 있다. 양명은 이 점을 간과하였다.

다음은 주자의 치지에 관한 양명의 오해이다. 양명은 『대학』의 치지를 치양지로 해석하였는데, 이는 분명 『대학』을 맹자식으로 풀이한 것이다. 양명이 말한 양지는 맹자가 말한 양지와 양능을 포함한 도덕주체로서의 양지이다. 따라서 치양지는 시비선악에 대한 판단인 지선지악과 선에 대한 희열과 악에 대한 혐오의 표현인 호선오악의 실현 과정이다. 필자는 양명처럼 『대학』의 치지를 맹자식의 치양지로 새롭게 구성해도 별문제는 없다고 생각한다. 양명에게서 이러한 창의적 해석이 있었기 때문에 양명이 진정한 철학자로서 존립할 수 있는 것이다. 그렇다고 『대학』에 대한 주자의 해석을 무고해서는 안 된다.

양명은 "치양지를 통하여 격물하는 자신의 학문은 근본이 있는 학문이고, 주자처럼 사사물물에서 리를 탐구하라고 가르치는 치지격물은 근본이 없는 학문이다"(『전습록』「하」)고 주장한다. 양명이 말한 '근본이 있는 학문'이란 무엇을 의미하는가? 그것은 다름 아닌 인간의 본성인 양지를 근거로 도덕실천을 전개한 것임을 강조한 것이다. 분명 양명의 입장에서 보면 양지는 도덕본심이고 도덕본성이기 때문에 치양지는 도덕본심(본성)을 근본 동력으로 삼아 전개한 도덕가치 실현이다. '근원'의 의미를 양명처럼 규정해도 무리는 없지만, 과연 이러한 규정이 심학자 이외의 학자에게도 유효하게 적용될 수 있을까? 필자는 양명식의 해석은 양명을 비롯한 심학자의 의식구조에만 적용되는 편협한 의미 규정이라고 생각한다.

주자의 치지는 양명의 말처럼 근원이 없는가? 결코 그렇지 않다. 주자는 심을 기의 령靈 혹은 정상精爽으로 규정하고, 심의 본질작용으로 성리에 대한 인식을 부여한다. 따라서 주자 치지설의 내적 근거는 심의 지각작용이다. 심이 격물을 통하여 얻은 리는 자신의 본성에 본래 갖추어져 있는 인의예지의 리이다. 격물은 자신의 성리와 외적인 대상의 리를 상호 인증하여 도덕실천에서 발생할 수 있는 오류를 극복하려는 취지로부터 요청된 수양공부론이다. 다시 말하면 양명처럼 시비선악의 판단을 곧바로 심에서 추구하지 않고 격물치지라는 한 차례의 검증과정을 통하여 진행하는 것이다. 따라서 주자의 치지 활동 역시 근본이 있고, 자기 인격성장의 과정임이 분명하다.

마지막으로 양명은 주자의 궁리를 외적 대상에서 리를 추구하는 것이기 때문에 그 대상이 존재하지 않으면 그 사물의 리 역시 존재하지 않는다고 한다. 이러한 양명의 주장은 주자학자뿐만 아니라 유학에 정통한 독자들을 당황스럽게 한다. 양명은 주자의 격물을 다음과 같이 비평한다.

주자가 이른바 격물 운운하는 것은 사물에 즉卽하여서 그 사물의 리를 궁구하는 것이다. 사물에 즉하여서 사물의 리를 궁구한다는 것은 사사물물에서 이른바 정리定理를 구한다는 것이다. 이것은 내 마음으로써 사사물물에서 리를 구하는 것으로 심과 리를 둘로 나눈 것이다. 무릇 사사물물에서 그 리를 구한다는 것은 마치 부모에게서 효의 리를 구한다는 것과 같다. 부모에게서 효의 리를 추구한다면 효의 리는 나의 마음에 있는가? 아니면 부모의 몸에 있는가? 만일 부모의 몸에 있다면 부모가 죽은 후에 내 마음에도 효의 리는 없다는 말인가? … 이것이 과연 어린아이의 몸에 있는 것인가? 아니면 내 마음의 양지에서 비롯된 것인가? 이곳에서 유추하면 만사만물의 리는 그렇지 않음이 없다. 따라서 심과 리를 둘로 나누는 것이 잘못되었음을 알 수 있다. 무릇 심과 리를 둘로 나누는 것은 고자의 '의외설'인데, 이에 대하여 맹자가 심하게 비판하였다._「전습록」「중」

이곳에서도 양명은 주자의 격물궁리를 고자의 '의외설'이라고 규정하면서 "효의 도리가 부모의 몸에 있다면 부모가 죽은 후에 내 마음에도 효의 리는 없다는 말인가"라고 주장한다. 이러한 양명의 주장은 주자학의 궤도에서 너무 벗어났다. 이러한 양명의 오해는 후에 조선의 성리학자인 퇴계에게 비판을 받고, 후기의 석정 이정직에게 혹독하게 비판을 받는 빌미를 제공한다.

만일 격물궁리가 심에는 본래 없는 리를 바깥의 사물에서 찾아서 갖추는 것이라면 양명의 지적처럼 부모가 죽으면 효의 도리도 함께 사라지게 될 것이다. 그러나 부모의 생사존망과 관계없이 효의 도리는 영원이 내 마음에 간직되어 있다. 다시 말하면 효의 실천대상인 부모의 존재성과 효리孝理의 존재성은 전혀 별개의 문제인 것이다.

3
「주자만년정론」

주지하고 있는 바와 같이 양명학은 성립에서부터 원숙까지 주자학과 불가분리의 밀접한 관계를 맺고 있다. 양명의 용장오도 이전의 세 차례 변화, 즉 '전삼변'을 보면 양명은 주자학에 대한 관심으로부터 시작하여 다시 회의하는 과정을 통하여 용장오도에 이르렀음을 알 수 있다.

용장오도에서 오성자족론吾性自足論은 주자의 격물치지설에 대한 비판이고, 뒤이어 38세에 주장한 지행합일설은 주자가 치지知(앎)와 성의行(실천)를 분리한 것을 비판한 것이다. 또 40세에는 육상산의 학문을 맹자학의 전승이라고 하면서 상산의 심학을 불교로 규정한 주자를 비평하였고, 다시 47세에는 주자의 『대학장구』
를 비판하면서 『고본대학』의 가치를 인증하였다. 50세에는 양명
학의 핵심 종지인 치양지설을 확정하여 이전에 발표된 모든 학설
을 하나의 치양지에 귀속시켜 치밀한 유기적 정합성을 드러냈다.

양명이 37세에 이룬 용장오도는 양지에 대한 자신의 절실한 자
득自得을 근거로 한 것이고, 또한 비록 주자학의 격물 순서를 준
수하지 않았지만(格竹) 주자의 격물궁리의 추상성에 대한 철저한
회의를 근거로 한 것이었기 때문에 주자학자들의 비판에 대하여
양명은 시종일관 자신감을 갖고 있었다. 주자 『개본대학』의 신민
설에 대해서는 『고본대학』 자체에서 근거를 확보하여 신민을 포
용하는 친민설을 내세웠기 때문에 비록 전면적 판단이 아니라는
비평은 수반할 수 있지만 주자학자들의 비평에 대한 방어논리는
이미 충분하게 확보된 것이라고 할 수 있다.

지행합일 역시 당시 명대의 유자들의 지나친 궁리(知) 치중 현
상에 대한 통격痛擊이었고, 실천중심의 유가철학 본래정신을 회
복하자는 외침이었기 때문에 정주학자의 비평에는 한계가 있을
수밖에 없었다. 또한 양명은 자신 학문의 핵심이고 종합인 치양
지학을 내세우면서 이것이 가깝게는 육상산의 학문을 계승하는
것이고, 근원적으로는 주자학과 마찬가지로 맹자학을 계승하는

것이라고 주장하였으며, 특히 양명의 양지학이 맹자의 심성론, 그리고 치양지가 맹자의 구방심求放心·반구저기反求諸己의 공부론과 일치하였기 때문에 당시 주자학자들은 일정 부분 '보고도 못 본 척(視而不見)' 혹은 '듣고도 못 들은 척(聽而不聞)'하는 태도를 취할 수밖에 없었다. 이처럼 양명의 학문은 비록 격동의 연속이었지만 마치 등불과도 같아 당시 학술 논쟁의 중심으로 자리 잡으면서 비교적 순조로운 발전을 지속하였다.

그러나 44세에 편집하였다가 47세에 판각하여 세상에 공표한 「주자만년정론」은 주자의 만년정론이라고 판단할 수 있는 객관적인 근거도 부족하였고, 특히 주자학에 관련된 사료 고증이 불충분하였다. 필자는 「주자만년정론」은 양명 학술 여정에서 가장 큰 패착이라고 평가한다. 좀 더 정확하게 말하면, 광자의 기상을 가진 양명이 왜 「주자만년정론」이라는 허술하고도 의미 없는 저작을 출간했는지 도무지 이해가 안 된다.

「주자만년정론」에는 주자의 서신만이 수록되어 있을 뿐 이에 대한 양명의 해설이 없다. 필자는 양명의 「주자만년정론」 저술 태도와 목적에 대해서 약간의 회의감을 갖고 있다. 그 이유는 「주자만년정론」에 수록된 서신은 당연히 주자의 다른 문집에 수록된 것과 연결시켜 보아야 하지 단절시켜 보아서는 안 되기 때문이다. 『주자어류』·『주문공문집』·『사서집주』·『혹문』 등 주자의 문장은 이전 이후에도 없는 방대한 양이다. 현재 보존되어 있는 서신이 1,600통이 넘고 서로 서신을 통하여 교류한 문인도 기록된 숫자만 430명이 넘는다. 그러나 「주자만년정론」에 수록된 서신은 34편에 불과하고 수록된 인물도 23명에 불과하다. 뿐만 아니라 「주자만년정론」에는 중년기에 쓴 서신도 수록되어 있고, 23인의 서신도 전편全篇 내용을 수록하지 않고 일부 내용만을 수록하였다. 그런데도 「주자만년정론」이 주자학의 전체 규모를 대표할 수 있겠는가? 설령 백번 양보하여 그것이 참으로 주자의 '만년정론'이라고 할지라도 이러한 서책으로는 당시 주자학자들의 동의를 결코 받을 수 없을 것이다. 객관적인 태도로서 엄격하게 판단하면 「주자만년정론」은 단장취의斷章取義라는 비판을 면할 수 없다.

양명의 주자학 비평에 대하여 결정적인 반격의 기회를 찾지 못하고 있던 당시 주자학자들은 「주자만년정론」 공표를 기점으로 삼아 대대적인 학문적 공세를 취한다. 이에 관한 논쟁은 대략 150년 동안 지속되었다. 공세를 취한 주자학자는 다수였지만 대표자로서 나흠순羅欽順·진건陳建·풍가馮柯·손승택孫承澤·육롱기陸隴其 등을 들 수 있다. 그중 나흠순은 『곤지기困知記』를 통하여 「주자만년정론」의 고증 부족을 적극적으로 부각시켰다.

「주자만년정론」에는 하숙경과의 서신이 수록되어 있는데, 하숙경何叔京은 주자 나이 46세(淳熙 乙未年)에 죽었다. 46세는 주자의 중년이지 만년이 아니다. 양명은 "중간에 나이의 조만早晚을 상세하게 고증하지 못한 점이 있다. 비록 모두 만년에 나온 것은 아닐지라도 대부분 만년에 나온 것이다"(『전습록』「중」)라고 하면서 고증의 정밀하지 못함을 인정하고 나흠순의 주장을 수용하기도 한다.

양명 이전에 이미 "주자와 육상산의 철학사상이 처음에는 서로 달랐지만, 나중에는 서로 같아졌다(朱陸早異晩同)"는 주장도 있었고, "처음에는 같았지만, 후에 서로 달라졌다(朱陸早同晩異說-顚倒早晚)"는 주장도 있었다. 그러나 필자는 주자와 육상산의 철학은 "처음에도 달랐고 만년에도 달랐다(早亦異晩亦異)"고 생각한다. 혹자는 주자의 「中和舊說」을 근거로 '처음에는 같았지만 나중에 달라졌다'고 주장할 수도 있겠지만, 주자의 「중화구설」은 주자에 의하여 폐기되었을 뿐만 아니라 중화에 관한 주자 자신의 확고한 입장이 반영된 것도 아니다.

「주자만년정론」의 「자서」를 보면 양명이 「주자만년정론」을 편찬한 의도와 주자학에 대한 그의 입장을 명확하게 알 수 있다. 양명은 첫 구절에서 "사라진 공맹학술의 전통이 1천 500년 후에 주렴계와 정명도에 의해서 그 단서가 다시 부활되었다"고 한다. 이곳에서 특이한 것은 장재와 정이천에 대한 언급이 없다는 것이다. 주자가 이정二程철학에서 정명도가 아닌 정이천의 철학을 계승하였다는 점은 이미 학계의 공인된 사실임에도 불구하고 정이천을 언급하지 않고 정명도만을 언급하였다는 점에서 다음 두 가지 추측을 할 수 있을 것 같다. 하나는 양명이 처음부터 주자철학의 궁극적 단계를 심학으로 규정하려는 의도가 있었다는 것이고, 다른 하나는 양명이 주자철학의 본질과 전모를 올바르게 이해하지 못하였다는 것이다.

또 "주자의 글을 검토하고 탐구해 보니 주자가 만년에 구설의 잘못을 진실로 깨닫고 뼈아프게 뉘우치고 지극히 징계하면서 스스로를 속이고 남을 속인 죄를 이루 다 속죄할 수 없다고 생각한 이유를 알게 되었고, 세상에 전해지고 있는 『집주』와 『혹문』 등은 주자 중년의 미정지설未定之說로서 주자가 그것의 잘못을 알고서 개정하려고 했지만 미처 하지 못하였으며, 『주자어류』는 주희의 문인들이 승심勝心으로써 자신의 견해를 첨가한 것이다"(『전습록』 「주자만년정론」)고 하였다. 이곳에서 양명은 주자의 대표 문헌인 『주자어류』와 『사서집주』 그리고 『혹문』을 중년의 미정지설로 규정한다. 양명의 주장은 사실에 부합하는가?

결론부터 말하면, 사실과 부합하지 않는다. 『집주』는 주자가 평생동안 심혈을 기울인 작품이다. 그중에서도 『대학』에 대한 주자의 이해는 다른 어떤 경전과도 비교할 수 없을 정도로 정묘하다. 그런데 『집주』와 『혹문』을 '미정지설'로 규정하고서 정론에서 배제한다면 누가 그것을 수용할 수 있겠는가? 또 "『주자어류』는 주자의 문인들이 승심으로써 자신의 견해를 첨가한 것이다"라고 한다. 『주자어류』에 문인들의 첨삭이 개입될 가능성은 많다. 그러나 이는 자료의 시기와 그리고 그것의 경중에 대한 문인들의 판단일 뿐 학술 의리의 성격을 뒤바꿀 수 있는 개입은 결코 아니다. 만일 양명의 입장을 『전습록』에 그대로 적용시킨다면 『전습록』 역시 동일한 평가를 받을 것이다.

또한 「주자만년정론」에는 주자 만년에 스스로 자신의 학문과 태도에 대하여 후회하고 있는 내용이 있다. 그러나 이는 양명의 말처럼 심학의 의리에 대한 자신의 인식 부족을 후회한 것이 아니라 자신의 학문 방법론이 지루하게 된 것, 그리고 거경함양과 격물치지를 더욱 순숙의 경지로 이끌지 못한 것에 대한 자책일 뿐이다. 필자가 주자 만년의 자료를 살펴보니 주자는 끝까지 육상산의 심학을 선학禪學과 동일시하였으며, 특히 상산이 죽었을 때 "고자가 죽었구나"(『주자어류』 「권124」)라고 한 평가를 보면 그가 심즉리를 긍정하지 못한 것에 대하여 후회하였다는 양명의 인식은 성립할 수 없다.

주자와 상산은 처음부터 끝까지 상대방 학술의 정면적 가치를 긍정하지 못하였다. 즉 두 사람은 상대방의 학술에 대해서는 결코 화이부동和而不同의 태도를 취하지 않았다. 주자는 상산의 심학을 고자의 학설 혹은 선종의 불교라고 치부하였고, 상산 역시 주자의 학설을 한때에 유행한 학설時文 혹은 의론議論·의견意見·허설허견虛說虛見으로 취급하였을 뿐이다.

마지막으로 양명은 "자신의 학설이 주자와 다르지 않다는 것을 발견하고서 다행스럽게 여겼으며, 또 주자가 사람의 마음이 서로 동일하다는 것을 자신보다 먼저 깨달은 것에 대하여 기뻐하였다. 그러나 세상 사람들은 오로지 주자의 중년 미정지설만을 지키면서 만년의 정론을 탐구할 줄 모르고, 서로 쟁론하면서 정학을 어지럽히면서도 그것이 스스로 이단에 빠지는 것임을 알지 못한다"고 결론을 내린다. 필자가 보기에 이러한 양명의 결론은 자신에 대한 스스로의 위안일 뿐 객관적 사실을 반영한 평가가 결코 아니다.

5

양명은 왜 양지를
도덕주체로 내세웠는가?

양명철학의 핵심은 치양지이다. 일반적으로 양명철학의 특성을 언급할 때 가장 먼저 드는 것이 지행합일이지만, 지행합일은 양명철학을 대표하는 학설도 아니고, 다른 유학자 특히 주자와의 차별성을 결정할 수 있는 이론도 아니다. 지행합일은 유가철학뿐만 아니라 불가와 도가, 삼가의 공통적인 이념이며, 동서양 모든 윤리학에서 지향하는 가장 이상적인 형태의 도덕이론이다. 양명철학과 기타 학술의 차이성은 바로 양명이 양지를 도덕실체로, 즉 도덕시비선악 판단과 실현 그리고 만물존재 완성의 최후 근거로 삼았다는 것에 있다.

1
양명이 양지를 선택한 이유

　　양명학만의 특성을 드러내면서 이전의 유가철학자들과의 차이성을 결정할 수 있는 이론은 치양지이다. 양명철학은 치양지에서 시작하여 치양지로 끝난다. 양지의 시비선악에 대한 자각이 시작이고, 행위의 대상에 양지가 감응하여 대상의 본래적 가치를 회복(正物) 또는 보존하면서 대상과 일체(與物無對 혹은 物我一體)를 이루는 것이 치양지의 완성이다. 그러나 양지는 양명이 처음 제시한 개념이 아니다. 유가철학발전사에서 양지라는 개념은 맹자에 의하여 처음 제시되었지만, '양良' 자는 『논어』에서부터 도덕적인 의미로 사용되었다.

'양良' 자를 문자학적 측면에서 분석하면, '양'은 원래 낭廊의 의미이다. '낭'은 '복도'의 의미이지만, 궁중의 낭중廊中에서 일하는 신하는 군주를 가까운 곳에서 보필하는 신하이기 때문에 '좋은 신하' 혹은 '능력이 있는 신하'라는 의미로 확장된다. 이러한 의미에 다시 '우량' 혹은 '선량'이라는 도덕적 의미가 추가된 것 같다. 『논어』의 '양' 자 쓰임이 대표적인 경우이다. 『논어』에 다음과 같은 내용이 있다.

선생님께서는 온화하고溫, 선량良하며, 공손하고恭, 검약하며儉, 겸양함으로써讓 그 나라의 정치에 관한 이야기를 들은 것이다. 선생님께서 요구하는 방법은 아마 다른 사람이 요구하는 방법과 다를 것이다. _『논어』「학이」

이곳에서 '양'은 맹자나 양명처럼 도덕자각 능력 혹은 도덕실
체의 의미까지 확장된 것은 아니지만 선량이라는 도덕적 의미를
갖추고 있다. 『맹자』에 다양한 '양' 자의 쓰임이 보인다.

사람이 가지고 있는 것 중에서 눈동자보다 더 좋은 것이 없다. 눈동
자는 악을 숨기지 못한다. 마음이 올바르면 눈동자가 밝고, 마음이
올바르지 못하면 눈동자가 흐리다(莫良於眸子). _『맹자』「이루상」
남이 귀하게 해 준 것은 좋은 귀함이 아니다(非良貴也). _『맹자』「고자상」
지금의 이른바 훌륭한 신하다(今之所謂良臣). _『맹자』「고자하」

이곳에서 맹자가 사용한 '양' 자는 모두 좋은 능력과 선량함 또
는 훌륭함 등의 도덕적인 의미이다. 또 양지는 『맹자』에서 독립
적인 개념으로 출현하지 않고 양능과 짝을 이루어서 등장한다.
맹자에 의하면, "사람이 배우지 않고도 자연적으로 할 수 있는 것
은 양능의 작용이 있기 때문이고, 사려하지 않아도 알 수 있는 것
은 양지의 작용이 있기 때문이다." 자연적으로 할 수 있는 능력
은 실천에 관한 능력이고, 사려하지 않아도 알 수 있는 능력은 지

각 혹은 자각 등의 인식에 관한 능력이다. 이 두 가지 능력은 심성에 선천적으로 갖추어진 작용이고, 모든 사람이 갖추고 있는 보편적인 능력이다. 이는 곧 맹자가 모든 인간이 도덕가치를 실현할 수 있는 능력을 천부적으로 갖추고 있음을 긍정한 것이다. 맹자에 의하면, 도덕은 '할 수 없음(不能)'이 아니라 '하지 않음(不爲)'일 뿐이다.

송명 이학자들 역시 맹자의 해설에 입각하여 양지와 양능을 이해한다. 장횡거는 "성명의 앎은 천덕양지天德良知로서 이는 보고 듣는 작용(見聞)을 통해서 알아지는 작은 지혜가 아니다"(『정몽』「성명」)라고 하였다. '견문'을 통해서 얻어지는 것은 후천적인 경험과학 지식이다. 반면 양지는 후천적인 견문과는 관계없이 우리에게 주어진 지혜의 근원이다. 때문에 횡거는 '천덕양지이다'라고 하였고, '작은 지혜가 아니다'라고 한 것이다.

정명도와 정이천 역시 "양지양능은 모두 어디서 들어옴이 없다. 하늘로부터 나온 것이지 (후천적으로) 사람과 연계된 것이 아니다"(『이정유서』「권2上」)라고 하였으며, 그중에서도 정이천은 양지양능을 맹자의 야기夜氣와 연계시켜 "야기가 간직하고 있는 것이 양지와 양능이다. 진실로 확충할 수 있고, 아침 낮으로 입은 해를 없애고 야기가 간직하고 있는 것을 (양지와 양능을) 보존한 후에 성인의 경지에 이를 수 있다"(『이정유서』「권25」)고 한다.

'야기'는 맹자에 출현한다. 맹자에 의하면, '야기'는 새벽에 일어나 아직 세상의 일과 접촉하기 전 우리의 마음에 간직되어 있는 맑은 기상이다. 이 '야기'는 낮의 일상사에서 이욕의 감정으로 해를 입을 수 있지만 없어지거나 더해진 것이 없다. 다시 새벽이 되면 맑은 기상으로 드러나기 때문에 이때에 야기의 본래 모습을 꽉 잡고서 보존하면 성인의 경지에 이를 수 있다.

주자는 양명처럼 양지를 적극적으로 내세우지는 않는다. 주자에게는 양지의 작용을 긍정하면서도 양지의 작용을 크게 강조할 수 없는 주자의 고충이 있다. 만일 주자가 맹자의 양지양능을 적극적으로 내세우게 되면 심은 반드시 격물궁리를 통하여 성리를 인식해야 한다는 그의 주장에 심대한 회의가 수반될 수밖에 없다. 다시 말하면 양지와 양능이라는 선천적인 도덕자각 능력에 의거하면, 당장에서 시비선악을 구별할 수 있고, 양지가 판단한 선에 대하여 희열을 표현하고, 악에 대해서는 혐오를 표현할 수 있기 때문에 격물궁리라는 공부의 필요성이 절실하지 않게 된다. 때문에 주자는 양지에 대해서는 최소한의 언급만 한다. 그렇다고 맹자가 제시한 양지의 작용을 부정할 수도 없다. 주자는 비록 맹자의 양지를 적극적으로 강조하지는 않았지만 "양良이라는 것은 본연의 선이다"(『맹자집주』「고자상」)라고 하여 양지와 양능이 선천적인 도덕 자각 능력과 실천 능력임을 긍정한다.

육상산은 맹자의 양지와 양능을 『역』의 원리를 적용하여 건곤乾坤의 이간易簡 원리로써 지행론을 설명하였다. 즉 양지의 작용이 있기 때문에 시비선악을 쉽게 판단할 수 있고, 양능의 작용을 갖추고 있기 때문을 선에 대해서는 희열을 나타내고 악에 대해서는 혐오의 마음을 드러낸다. 이러한 양지와 양능의 작용이 실천으로 구체화되는 것이 바로 위선거악爲善去惡이다.

양명에 이르러 양지는 양능뿐만 아니라 맹자의 사단지심 그리고 상산의 본심을 포괄한 도덕실체로 자리 매김 된다. 양명은 "양지를 없애버린다면 또 무엇을 말할 수 있겠는가"(『양명전서』「권6」)라고 하였는데, 이 한 마디 말이 곧 양명철학에서 양지의 위상을 명확하게 드러내고 있다. 그러나 양명이 양지에 도덕실체의 위상을 부여하자 이에 대하여 오해가 즉각적으로 나타났다.

명대의 유학자인 이견라李見羅는 "예로부터 가르침을 세움에 있어 앎의 작용(知)을 본체로 삼았다는 말을 들은 적이 없다"(『명유학안』「지수학안」)고 비평한다. 조선의 성리학자 역시 양명철학에서 양지의 위상에 대한 이해가 부족하였기 때문에 양명의 "양지가 곧 천리이다(良知卽天理)"는 주장을 선학禪學이라고 폄하하였고(한원진), 이정직은 「논왕양명」에서 "양지는 사단지심 중에서 시비지심인데, 이것으로써 도덕실체를 삼으면 이는 곧 나머지 측은지심과 수오지심 그리고 공경지심을 버리는 것이니 어찌 졸렬하지 않은가"라고 혹평하기도 한다. 이 모두 양명의 양지에 대한 무지에서 비롯된 말이다.

양명이 제시한 양지에는 주관적인 작용과 객관적인 실체 및 법칙의 의미가 모두 포함되어 있다. 양지는 시비선악에 대한 자각, 선에 대하여 희열을 표현하고 악에 대하여 혐오를 표현하는 작용이다. 도덕규범과 천리는 양지에 의하여 드러나고 실현된다. 양명철학에서 양지는 곧 천리이다(良知卽天理). 따라서 이 양지가 곧 상산의 본심이고, 맹자가 말한 성선의 성인 것이다. 이견라와 한원진 그리고 이정직 등이 그렇게 말한 원인은 그들이 양지를 단지 주관적인 작용으로만 이해하였을 뿐 기타의 의미에 대해서는 이해가 전혀 없었기 때문이다.

그렇다면 양명은 왜 공자와 맹자처럼 인 혹은 심성을 핵심 개념으로 내세우지 않고 양지를 제시하였는가? 양명이 양지를 내세울 수밖에 없는 몇 가지 원인이 있다.

첫째, 양명이 37세에 용장에서 심즉리를 터득한 후에 그는 여전히 상산의 심즉리에 의거하여 자신의 학설을 전개하였다. 그

러나 상산의 본심은 쉽게 주자의 심론과 혼동되어 양명만의 독
창적인 학설을 건립하기에 어려움이 있었다. 사실 원과 명대를
거치면서 상산학은 주자학과 그 규모를 비교할 수 없을 정도로
쇠락하여 세인의 주목을 받지 못했다. 주자학은 주자 당시에는
위학僞學으로 몰려 박해를 받았지만, 주자 사후 얼마 되지 않아
주자학은 황제의 후원 아래 그 학술적 가치가 대대적으로 홍양
된다. 이러한 주자학 기세는 원과 명대 중기까지 이어져 천하의
학술을 완전하게 장악한다.

  이러한 학술적 배경에서 양명이 심즉리를 제시하면, 세인들은
곧 주자가 심을 '기의 정상氣之精爽' 혹은 '기의 령氣之靈'이라고 규정
한 것을 근거로 '기를 리로 인식하거나' 혹은 '형이하자를 형이상
자로 간주한다' 혹은 '불교의 식심識心으로 오인하는' 등 불필요한
논쟁이 수반될 것이다. 송·명대 거의 모든 유학자가 심·성·리
세 개념으로써 자신의 철학을 전개하였지만 심·성·리 세 개념
에 대한 이해는 서로 동일하지 않다. 그러나 양명의 시대에 심과
성 및 리의 의미는 주자철학의 의미로 거의 고정되었다. 따라서
양명이 '심즉리' 세 글자만을 선택하기에는 어려움이 있었을 것
이다.

  둘째, 주자와의 관련성이다. 양명은 당시의 주자학자를 상대

하지 않고 송명이학의 완성자로 추존되는 주자를 직접 공격하였다. 필자가 보기에 양명은 주자학과의 경쟁심이 남달랐던 것 같다. 양명은 주자의 학문 골격이 『대학』의 격물치지에 있음을 알았기 때문에 자신 역시 『대학』의 격물치지를 근거로 주자와의 차별성을 도모하였다. 양명은 먼저 주자의 『개본대학』을 중시하지 않고 『예기』에 본래 실려 있었던 『고본대학』을 근거로 자신의 이론을 전개한다. 때문에 양명은 『대학』의 격물에서 격格을 주자처럼 접接의 의미로 해석하지 않고 '바르게 하다'의 정正으로 해석하였고, 치지 역시 치양지로 바꾸어 주자와의 차별성을 완성하려고 하였다.

셋째는 양명 학문의 본질과 관련이 있다. 원래 유학의 도덕주체 개념은 공자의 '인'으로부터 시작되었다. 공자철학에서 '인'은 예의 합리성을 결정하는 도덕의지(선의지)이다. 후에 맹자에 의하여 심성으로 전환되었고, 맹자의 심성은 비록 그 의미는 다르게 사용되었을지라도 외형적인 개념만은 동일하게 사용되었다. 심은 주자처럼 성리에 대한 지각작용을 갖춘 인식심이라고 할지라도, 혹은 상산처럼 도덕법칙에 대한 입법 작용을 갖춘 선의지라고 할지라도, 모든 도덕활동은 가치에 대한 심의 판단으로부터 시작된다. 나머지는 이 심의 가치판단을 구체적인 도덕행위로 옮기는 활동이다. 즉 도덕가치 실현은 곧 심의 자각 혹은 지각활동으로부터 비롯된다. 이 가치의 자각 활동이 바로 양지이다. 양명은 이러한 양지를 도덕주체로 삼아 공자와 맹자 그리고 상산으로 이어지는 도덕가치실현의 자율성을 극대화한 것이다. 양명에 의하면, 도덕실천은 양지를 본체로 삼는 것이 가장 근원적이고 절실하며, 또 주체의 자율성을 가장 잘 드러낼 수 있다. 이것이 바로 양명이 양지로써 '인'과 '심성'을 총괄한 원인이다.

2
맹자의 양지 양능과 양명의 양지

'양지'라는 개념이 『맹자』에 처음 출현하지만, 단 한 차례의 출현에 불과하다. 또 단독으로 출현하는 것이 아니라 양능과 짝을 이루어 나온다. 맹자는 양지와 양능에 관하여 다음과 같이 말한다.

사람이 (후천적으로) 배우지 않고도 자연적으로 할 수 있는 것은 양능의 작용이 있기 때문이고, (후천적으로) 사려하지 않아도 자연스럽게 알 수 있는 것은 양지의 작용이 있기 때문이다. 어린 아이도 부모를 사랑할 줄 모르는 사람이 없으며, 성장해서는 형을 공경할 줄 모르는 사람이 없다. 부모를 사랑하는 것은 '인'이고, 형을 공경하는 것은 '의'이다. _『맹자』「진심상」

이 단락에 대하여 주자는 『맹자집주』에서 다음과 같이 해설한다.

'良'이라는 것은 본연의 선을 의미한다. 정이천은 "양지와 양능은 후천적인 학습을 통하여 이루어진 것이 아니라 하늘로부터 나온 것으로 인위적인 것과 관련이 없다"고 하였다. _『맹자집주』「진심상」

이곳에서 주자는 정이천의 말을 빌려 맹자가 제시한 양지와 양능을 후천적인 학습을 통하여 습득하고 배양한 능력으로 이해하지 않고 선천적인 능력으로 이해하고 있다. 앞에서도 누차 밝혔지만 주자철학에서 양지와 양능은 도덕법칙에 대한 의지의 자율성과 자발성이 아니다. 단지 성리라는 법칙에 대한 인지 혹은 지각 작용일 뿐이다. 다시 말하면 주자는 '양지가 곧 심의 지각 능력이다'고 단언하지는 않았지만, 주자의 심성론에서 양지는 성리에 대한 심의 인식능력 이외에 다른 의미로 해설할 수가 없다.

또 앞에서도 말한 바와 같이 시비선악에 대한 양지의 선천적 판단능력을 적극적으로 긍정하였을 경우 주자 공부론의 핵심인 격물궁리론의 필요성과 중요성이 퇴색할 가능성이 있기 때문에 양지의 작용을 찬양할 수도 없다. 그렇다고 주자 자신의 학술 종사宗師인 맹자의 양지 개념과 작용을 일괄적으로 부정하기도 어려웠을 것이다. 이러한 진퇴양난의 곤경에서 양지에 대한 주자의 선택은 제한적일 수밖에 없었다.

반면 상산을 비롯한 심학자들은 시비선악의 판단 능력인 양지와 호선오악의 판단 능력인 양능을 적극적으로 내세우면서 주자의 격물궁리 공부론의 미필연성을 강조한다. 상산은 "내가 비록 문자를 한 자도 모른다고 할지라도 나는 당당하게 도덕군자의 인품을 이룰 수 있다"(『상산전집』「권35」)고 하였다. 이는 비록 주자가 강조한 독서에 대한 반론이지만, 이러한 반론이 성립하려면 양지와 양능이라는 완전무결의 도덕자각과 실천능력을 긍정해야만 비로소 가능하다. 맹자를 시작으로 심학자들의 양지와 양능에 대한 절대적 신뢰는 시종일관 변함이 없다.

맹자는 양지와 양능을 구체적인 도덕행위 그리고 도덕규범과 연계시켜 해설하고 있다. 첫째 단락은 양지와 양능에 대한 개념적 정의이고, 둘째 단락은 구체적인 실례를 들어 양지와 양능 작용이 행위로 표현됨을 설명하는 것이며, 마지막은 양지와 양능의 구체적인 현현을 도덕규범으로 분류하여 해설하고 있다.

"배우지 않아도 자연적으로 할 수 있다"는 말은 실천의 능력을 해설한 것이다. 즉 지행론에서 말하면, "배우지 않아도 자연적으로 할 수 있다"는 것은 '행'에 해당하는 능력이다. "사려하지 않아도 알 수 있다"는 말은 자각의 능력을 긍정한 것이다. 지행론에서 말하면 '지'에 해당하는 능력이다. 이러한 능력이 심성에 선천적으로 갖추어져 있다는 것은 곧 심성이 도덕실천의 최후 근거이면서 근원적인 동력임을 증명하는 것이다.

후에 남송의 육상산은 맹자가 말한 양지와 양능을 존재론적 개념인 건곤乾坤으로써 해설하면서 지와 행을 이간易簡의 원리로 규정한다. 상산은 다음과 같이 말한다.

내가 이 리를 아는 것은 건乾이고, 이 리를 실천하는 것은 곤坤이다.
_『상산전집』「권34」

건의 작용 때문에 쉽게 알고, 곤의 작용 때문에 간단하게 행한다. 이易하니 쉽게 알고, 간簡하니 쉽게 따른다. _『상산전집』「권1」

비록 우주론에 대해서는 비교적 조예가 깊지 않은 상산이지만 『역易』의 두 원리인 건과 곤으로써 양지와 양능 작용의 원리를 해설하고, 그것으로써 심학의 지행론을 이간의 원리로 규정한 것은 참으로 혁신적인 발상이라고 할 수 있다.

이곳에서 이易를 '쉽다'로 해석하고, 간簡을 '간단하다'로 해석하였지만, 이는 단순한 방법론상의 간단과 쉬움을 의미하는 것은 아니다. 주자의 격물궁리처럼 지리支離하게 밖에서 지행의 표준(리)을 추구하지 않고 내 마음에서 지와 행의 동력과 방향 그리고 표준을 찾는다는 의미이다. 존재론 입장에서 보면, 건은 시작 원칙이고, 곤은 마침의 원칙이다. 도덕론 입장에서 보면, 앎(知)은 시작 원칙이고, 실천(行)은 마침 원칙이다. "건의 작용 때문에 쉽게 안다"는 것은 곧 "사려하지 않아도 알 수 있다"는 양지의 작용을 의미한다. 건의 작용으로써 양지의 작용을 해설한 것이다. 때문에 "내가 이 리를 아는 것은 건이다"라고 말한 것이다. 마찬가지로 "곤의 작용 때문에 쉽게 행한다"는 것은 "배우지 않아도 자연스럽게 할 수 있다"는 양능의 작용을 설명한 것이다. 즉 곤의 작용으로써 양능을 해설한 것이다. 때문에 "이 리를 행하는 것은 곤이다"라고 말한다. 건과 곤은 만물생성의 시작과 마침이고, 양지와 양능은 도덕실천의 시작과 마침이다.

양명 이전에 비록 양지와 양능에 대한 창의적 해설은 있었지만, 두 개념을 어느 한편에 종합시켜 하나로 해설하지는 않았다. 양명에 이르러 양지와 양능은 하나의 양지 속에 종합되어 하나의 실체로 재정립된다. 양명은 다음과 같이 말한다.

> 양지는 심의 본체이다. 심은 자연스럽게 알 것이다. 아버지를 보면 자연스럽게 효를 행해야 함을 알고, 형을 보면 자연스럽게 공경해야 함을 알며, 어린아이가 우물 안으로 빠지려고 하는 광경을 보면 자연스럽게 측은해야 함을 알 것이다. 이것은 양지의 작용이기 때문에 밖에서 추구할 필요가 없다. _『전습록』「상」
>
> 양지는 맹자가 말한 시비지심이며, 사람마다 모두 갖추고 있는 것이다. 시비지심은 사려할 필요 없이 알 수 있는 것이고, 배우지 않아도 할 수 있는 것이다. 그러므로 양지라고 한다. 이것은 하늘이 명한 본성이고, 내 마음의 본체이므로 자연히 영명하게 비추고 분명하게 자각하는 것이다. _『양명전서』「권26」

양명은 '자연自然스럽다'라는 표현을 한다. 이는 인위적으로 후천적 학습을 통하여 배양된 능력이 아니라는 의미이다. 이러한 능력을 선천적으로 갖추고 있기 때문에 격물궁리라는 공부를 경유하지 않고서도 자연스럽게 효의 도리를 알 수 있고, 효를 해야 함도 알 수 있는 것이다.

이곳에서 우리가 주의해야 할 것은 '효에 대한 양지의 앎'은 결코 양지가 효라는 규범을 인식의 대상으로 삼고서 그것을 비추어 안다는 것이 아니라는 점이다. 효와 충 그리고 인의 등은 양지의 인식 대상이 아니다. 양지가 부모를 보고서 드러낸 도덕실천 방향이 곧 효이고, 군주를 보고서 드러낸 실천 방향이 충이다. 비록 '안다(知)'로 표현하였지만 결코 양지는 주객대립의 형태로 인식의 활동을 전개하지 않는다.

양명에 의하면, 양지는 하나의 영명한 실체이며, 동시에 작용이다. 때문에 양명은 '양지를 심의 본체'라고 규정한 것이다. 이 심의 본체이면서 '선을 알고 악을 알며(知善知惡)', '선을 좋아하고 악을 싫어하는(好善惡惡)' 작용인 양지가 '효의 도리를 알고', '공경의 도리를 안다'는 것은 양지가 그것을 인식의 대상으로 삼고 지각한다는 의미가 아니라 하나의 양지가 자신의 활동방향으로 효로 결정하고, 공경으로 결정한다는 의미이다. 다시 말하면 효와 공경은 양지가 스스로 자각하여 결정한 자신의 활동방향인 것이다.

지식의 구성에는 대상이 없을 수 없지만 양지의 자각에는 대상이 없다. 양지는 대상에 감응하여 도덕 명령을 발현하고 대상을 완성할 뿐 대상을 인식하여 대상에 대한 지식을 성취하지 않는다. 자아를 실현하는 원인은 자신에게 있는 것이지 바깥의 사물에 있지 않다. 자신이 자신을 실현하고, 또 자신의 능력으로써 자신을 실현하는 것이다.

두 번째 단락에서 양명은 "양지는 맹자가 말한 시비지심이며, 사람마다 모두 갖추고 있는 것이다. 시비지심은 사려할 필요 없이 알 수 있는 것이고, 배우지 않아도 할 수 있는 것이다"라고 한다. "시비지심은 사려할 필요 없이 알 수 있는 것이다"는 말은 맹자의 양지이고, "배우지 않아도 할 수 있는 것이다"는 말은 맹자의 양능을 가리켜 한 말이다. 그러나 양명은 시비지심으로써 맹자의 양지와 양능을 포괄한다. 맹자가 말한 시비지심은 맹자의 양지와 다른 작용이 아니다. 동일한 작용에 대한 두 가지 명칭에 불과하다.

비록 맹자가 양지와 양능이라는 두 개의 개념과 작용을 구별하여 제시하였지만, 구체적인 정감의 발현, 즉 실천의 과정에서 이 양자는 동시에 동일한 내용으로 표현된다. 다시 말하면 내가 부모에 대한 효를 실현해야 함을 자각(양지의 知)하였을 때 동시에 부모를 그리워하는 마음이 일어난다(양능의 行). 이때 양지의 지와 양능의 행 사이에는 논리적 선후만 있을 뿐 시간적 선후는 없다. 또

갑자기 부모를 그리워하는 마음이 든다면, 이미 그 마음속에는 부모에게 효를 실천해야 함을 자각한 양지의 판단이 내재되어 있는 것이다. 예를 들어 아름다운 꽃을 보자마자 좋아하는 마음이 드는데, 이때 좋아하는 마음속에는 이미 '이 꽃은 아름답다'라는 판단이 내재되어 있는 것이다. 양지와 양능의 일체 현현에 관하여 가장 빼어난 해설을 한 사람은 양명의 제자인 왕용계王龍溪(1498-1583)이다. 그는 다음과 같이 말한다.

마음의 양지를 '지'라고 하고, 마음의 양능을 '행'이라고 한다. 맹자는 단지 사랑해야 함을 알고 공경해야 함을 안다고 주장하였을 뿐 사랑을 할 수 있고, 공경을 할 수 있음을 주장하지 않았다. 할 수 있음을 아는 것이 '지'이고, 아는 것을 할 수 있는 것이 '능能'이므로 지행의 본체는 원래 합일되어 있는 것이다. '지'의 독실함과 확실함을 '행'이라고 하고, '행'의 분명함과 자세함 및 정확함을 '지'라고 한다. 지행의 공부는 본래 서로 떨어질 수 없는 것이지만 후세 학자들이 서로 나누어서 힘을 쓰니 합일이라는 말이 있게 되었다. 앎이 독실하지 않으면 허망이라고 하는데, 이것은 본심의 앎이 아니다. '행'이 분명하고 자세하지 않으면 어두움이라고 하는데, 이것은 본심의 '행'이 아니다. 그러므로 학문으로써 그 본심을 잃지 않게 해야 하는

데 반드시 지행의 공부를 다 한 후에 지행합일의 본체를 체득할 수 있다. _『왕용계전집』「권10」

이곳에서 용계는 "할 수 있음을 아는 것이 지이고, 아는 것을 할 수 있는 것이 능이다(知能處卽是知, 能知處卽是能)"라고 하였다. 이 점은 용계의 창의적인 해석이다. 원래 양지의 작용은 '사랑해야 함을 알고 공경해야 함을 아는 것'이고, 양능의 작용은 '사랑할 수 있고 공경할 수 있는 것'이다. 그런데 이 양자는 동시에 현현되는 것이기 때문에 사랑해야 함을 아는 것과 공경해야 함을 아는 것의 구체적인 내용이 바로 사랑할 수 있는 것과 공경할 수 있는 것이라고 할 수 있다. 또 사랑할 수 있고 공경할 수 있는 곳에서 사랑과 공경에 대한 진정한 자각을 볼 수가 있다. 그렇기 때문에 "할 수 있음을 아는 것이 지이고, 아는 것을 할 수 있는 것이 능이다"라고 말한 것이다.

3
맹자의 사단지심과 양명의 양지

양명이 제시한 양지가 진정한 도덕실체로서의 지위와 의미를 확보하려면 최소한 다음 몇 단계의 격상적 의미를 갖추고 있어야 한다.

첫째, 본체의 작용으로서의 양지와 양능을 갖추어야 한다.

둘째, 양지와 양능이라는 두 작용을 통하여 드러난 도덕 선의지의 최초 표현 혹은 가장 본질적인 표현, 즉 인의예지의 현현인 사단지심을 하나의 양지로서 통합시켜야 한다.

셋째, 양지를 천리로 승격시켜야 한다.

첫째와 둘째가 맹자와 관련된 것이라면, 셋째는 양지와 상산의 심즉리의 관련이다. 이 절에서는 양명이 하나의 양지로서 맹자의 양지와 양능을 종합한 이후에 어떻게 사단지심을 하나의 양지에 귀속시키는가의 과정을 살펴보겠다.

사단지심에서 단端은 '단서' 혹은 '실마리' 등으로 해설할 수 있지만, 정확하게 말하면 도덕주체가 어떤 특수한 상황에서 자신의 내용을 밖으로 실현하는 최초의 모습이다. 구체적인 특수한 상황에 따라서 드러난 모습이 다르기 때문에 편의상 크게 네 가지로 분류하여 사단四端이라고 한 것이다. 비록 사단이라고 하였지만, 원칙상 사四는 허수虛數이다. 백단百端 혹은 천단千端 혹은 만단지심萬端之心이라고 해도 안 될 것은 없다.

맹자는 사단지심이라고 하였지만, 주자처럼 심과 성 그리고 정의 개념적 분계를 명확하게 적용하면 사단지심이라고 하는 것보다는 사단지정四端之情이라고 칭하는 것이 범주의 규정에 맞을 것 같다. 주자는 인을 리(성)로 규정하고, 측은을 정으로 규정하였으며, 심은 성(리)과 정을 통괄하는 주체(心統性情)로 설정하였다. 그렇다면 측은은 심과 성의 범주에 속한 개념이 아니라 정의 범주에 속한 개념이다. 이러한 규정은 주자에 의거하지 않더라도 주자식의 규정에 따르는 것이 합리적이다.

어차피 유가철학의 발전사에서 성과 리 그리고 심과 정은 이미 보편적으로 사용되고 있기 때문에 사용되는 용어들이 범주에 적합하게 사용되어야 함은 당연한 일이다. 측은지심을 비롯한 사단지심은 이미 드러난 정감의 발현임이 분명하다. 따라서 정으로 규정하는 것이 합리적이다. 그렇지만 심학의 입장에서 보면 심·성·리 그리고 그것의 현현인 선정善情은 내용상 동일자이기 때문에 사단지심 혹은 사단지정 어떤 표현도 그리 큰 문제를 야기하지는 않는다.

사단지심은 측은과 수오 그리고 사양(공경)과 시비지심이다. 그 중 '인의 단端은 측은'인데, 주자에 따르면 측惻이란 아픔을 참는 것이고, 은隱은 그 아픔이 매우 깊음을 의미한다. 측은지심은 차마 하지 못하는 마음, 즉 불인지심不忍之心이라고도 한다. '의'의 단은 수오지심이다. 수羞는 자신의 선하지 못한 행동에 대한 스스로의 부끄러움이고, 오惡는 타인의 잘못된 행위에 대한 혐오와 증오의 마음이다. 예의 단은 공경지심이다. 경敬은 몸가짐과 마음가짐에 어떤 부족함도 없는 모습인데, 이 경이 밖으로 발현된 것이 공恭이고, '공'의 내적인 주체가 바로 '경'이다. 또 공경지심을 사양지심으로 대체하기도 하는데, 사양은 타인에 대한 배려를 의미한다. '지'의 단은 시비지심이다. 시비는 도덕적으로 올바름과 그름을 분별하는 마음으로, 맹자의 양지가 이에 해당하는 작용이다.

사단지심 중에서 양지와 직접적 관련이 있는 것이 바로 시비지심이다. 즉 시비지심은 시비와 선악 그리고 도덕적으로 마땅함과 마땅하지 않음을 판단하여 분별하는 양지의 작용이다. 이 양지의 작용에 의하여 모든 도덕적 행위의 적부성이 결정되기 때문에 측은(仁)과 수오(義) 및 공경(禮)의 적부성 역시 양지에 의하여 결정된다. 따라서 시비지심은 사단지심의 하나이지만, 실제로는 나머지 삼단三端의 마음을 관통하고 있다. 왜냐하면 측은·수오·사양 등의 도덕정감은 모두 양지의 자각 활동을 통하여 드러난 것이기 때문이다. 맹자는 양지로써 사단지심을 종합하지 않았다. 맹자는 양지와 양능 두 작용에 특수한 의미를 부여하였을 뿐만 아니라 사단지심도 분류하여 각각에 그것만의 특수한 의미를 부여하였다.

그러나 양명에 이르러 맹자가 제시한 사단지심은 하나의 양지 속에 귀속된다. 또 맹자와 양명 사이에 다른 점이 있다. 그것은 시비지심의 지위에 관한 것이다. 맹자의 도덕철학에서 양지와 양능의 작용을 갖춘 심성이 드러낸 중덕衆德 중에서 머리(首)의 지위를 차지하고 있는 것은 인, 즉 측은지심이다. '지(智)' 즉 시비지심은 사단지심에서도 가장 끝의 지위를 차지하고 있다. 그러나 양명철학에서 시비지심은 중덕 중에서 머리의 지위를 차지한다. 즉 양명은 '지' 즉 시비지심(양지)을 중덕의 머리로 내세운 것이다. 그렇다면 양명은 왜 중덕의 머리로서 인을 내세우지 않았는가?

양명에 의하면, 시비지심은 본심이 표현한 모든 도덕적 선정의 시작점이고, 도덕행위 방향이 결정되는 곳이기 때문이다. 다시 말하면 양명은 도덕가치 실현의 첫 단계인 자각(知)을 도덕의 근원으로 삼았고, 시작 단계의 작용인 양지를 도덕주체로 삼은 것이다.

이처럼 양명은 시비지심을 중덕의 머리로 내세움과 동시에 시비지심으로서 나머지 삼단의 마음을 포괄하여 도덕가치 판단과 실천에서 도덕주체의 자율성을 극대화한다. 사실 측은과 수오 그리고 공경(사양)은 분명 순수한 도덕정감이지만 시비지심처럼 주체의 자율성이 분명하게 드러나지 않는다. 즉 측은과 수오 그리고 공경지심의 외적인 모습은 단순한 심리적인 상태 혹은 심리적 사실처럼 보여 주체의 자율성 의미가 두드러지지 않는다. 주체성이 분명하게 드러나지 않는 도덕적인 심리를 근거로 의지의 자율성을 홍양弘揚하기에는 어딘지 적합하지 않은 것 같다. 시비지심은 비록 도덕적인 정감이지만 어떠한 상황에서도 시비선악 판단의 표준 혹은 작용이라는 보편성과 주체성을 드러낼 수가 있다.

양명은 다음의 과정을 통하여 측은과 수오 그리고 공경지심을 시비지심에 귀속시킨다. 양명은 다음과 같이 말한다.

사람들이 좋아함과 싫어함을 표현함에 있어서 진실되지 않음도 있을 것이다. 그러나 오로지 아름다운 색을 좋아하고 악취를 싫어하는 것 같은 것은 모두 진심으로부터 발현된 것이다. 스스로 추구하고 결정하니 약간이라도 거짓됨이 없다. _『양명전서』「권5」

"아름다운 색을 좋아하고 악취를 싫어하는 것(好好色惡惡臭)"은 비록 기질생명의 작용이지만, 양명은 이것으로써 도덕가치에 대한 양지의 희열, 그리고 반도덕적 것에 대한 양지의 혐오를 간접적으로 드러내고 있다. 양지의 좋아함은 무엇인가? 바로 선이다. 양지가 싫어함은 무엇인가? 바로 악이다. 양지의 작용이 선에 대한 희열과 악에 대한 혐오라면 그것이 바로 맹자가 말한 수오지심이다. 때문에 양명은 다음과 같이 말한다.

양지는 단지 시비를 분별하는 마음일 뿐이며, 이 시비는 다름 아닌 좋아함(好)과 싫어함(惡)일 뿐이다. 마땅히 좋아해야 할 것을 좋아하고 마땅히 싫어해야 할 것을 싫어하면 올바름과 그름을 다하게 되며, 마땅히 올바른 것을 올바르다고 하고 그른 것을 그르다고 하면 바로 만사의 모든 변화에 하나의 오차 없이 적응하게 된다. _『전습록』「하」

맹자가 말한 수오지심은 시비와 선악 그리고 의義와 불의不意에 대한 도덕주체의 반응이다. 희열은 의義·선善·시是에 대한 만족 감이고, 혐오는 불의不義·악惡·비非에 대한 증오의 감정이다. 시 비선악을 판단하면 반드시 어떤 하나의 정감을 수반하는데 이것 이 바로 희열과 혐오이다. 양명은 이러한 도덕적인 희열과 혐오 의 정감이야말로 시비지심의 실질 내용이라고 간주하여 오로지 양지 본연의 정감에 따라서 만사를 처리하면 필연적으로 도리에 합치할 것이라고 생각하였다. 도덕적인 즐거움과 싫어함은 개인 의 사적인 정감이 아니라 만인이 동감할 수 있는 보편적인 것이 다. 양명은 시비지심으로써 수오지심을 종합하고서 더 나아가 측은지심과 공경지심을 다시 양지 속에 결합시킨다. 양명은 다 음과 같이 말하였다.

양지는 천리의 자연명각自然明覺을 발현하는 곳이고, 또한 참으로 정성스러운 마음(眞誠)과 측은한 마음(惻隱-惻怛)일 뿐이다. 이 진성 측달의 마음이 바로 양지의 본체이다. 그러므로 양지의 진성측달 의 마음을 확충하여, 그 마음으로써 부모를 섬기면 이것이 바로 효 도이고, 양지의 진성측달의 마음을 확충하여 그 마음으로써 형을 섬기면 이것이 바로 아우 노릇을 하는 제(弟)이며, 양지의 진성측달의 마음을 확충하여 그 마음으로써 임금(君)을 섬기면 이것이 바로 충(忠)이다. 모든 것은 양지 자신의 표현이며, 또한 진성측달의 구체적 발현이다. _『전습록』「중」

양명이 말한 진성眞誠의 마음은 공경지심의 다른 표현이고, 측달惻怛은 측은지심의 다른 표현이다. 양명은 이곳에서 진성측달을 양지의 본체라고 한다. 본체는 양지의 본래 작용이라는 의미이다. 앞에서 양지의 희열과 혐오를 근거로 수오지심을 시비지심에 귀속시키고, 다시 진성측달을 양지의 본질 작용이라고 규정하면서 하나의 양지, 즉 시비지심으로써 나머지 삼단三端의 마음을 종합한다.

이상 양명이 양지로써 맹자가 제시한 사단지심을 종합하는 과정과 그 내용을 살펴보았다. 사단지심은 양지가 도덕실천에서 발현한 구체적인 도덕정감이다. 도덕정감은 모두 양지의 명각 작용으로부터 발현된 것이다. 이는 곧 양지의 자각이 아무런 내용이 없는 공적空寂이 아닌 실질적인 호오好惡와 진성측달의 도덕정감을 구비한 동태적인 자각임을 나타낸다.

4
상산의 심즉리와 양명의 양지

앞에서도 밝힌 바와 같이 양지가 진정한 도덕실체로서의 위상을 확보하려면 모든 천리가 양지에 의하여 결정되고 현현되어야 한다. 즉 "양지가 곧 천리이다(良知卽天理)"는 명제가 성립되어야 한다. 비록 맹자가 '인의내재'를 주장하여 심즉리의 단초를 열었지만 공자와 맹자는 '심즉리'를 언표하지는 않았다. 또한 맹자가 "만물은 모두 나에게 갖추어져 있다(萬物皆備於我)"(『맹자』, 「진심상」)를 주장하였지만, 심과 만물의 관계에 대해서도 역시 원론적인 입장에서 말했을 뿐이다. 도덕주체(심)가 진정한 도덕법칙의 결정자 혹은 근원자로서의 위상은 상산에 이르러 비로소 정립되었다. 상산은 "내 마음이 곧 법칙이다(심즉리)"는 명제를 언표하였을 뿐만 아니라 "내 마음이 곧 우주이고, 우주가 내 마음이다" 혹은 "나의 일이 우주의 일이고, 우주 내의 일이 곧 나의 일이다"라고 하여 내 마음과 만물의 관계를 명확하게 밝힌다.

양명에 이르러 맹자의 양지와 양능 그리고 사단지심 더 나아가 맹자와 상산의 심성이 하나의 양지에 모두 종합된다. 즉 양명에게 있어서 양지와 심 그리고 성과 리는 등가관계의 존재로서 동일한 실체를 서로 다른 관점에서 명명命名한 네 종류의 이름이다. 양지·심·성·리는 '실제 내용은 같지만 이름만 다른' 동실이명同實異名의 관계이다.

우리 한국의 성리학계는 너무나 주자학의 형식에 친숙하기 때문에 심과 리를 일자로 인식하는 심즉리의 진정한 의미를 잘 수용하지 못한다. 주자에서 심은 기의 령靈 혹은 기의 정상精爽으로서 주요 작용은 성리에 대한 인식 혹은 지각이다. 방법은 격물치지이다. 즉 주자학 체계에서 성리는 심의 인식 대상이고, 심은 인식 주체이다. 양자의 관계는 철저하게 주객能所대립의 형식으로 정립되어 있다.

반면 왕양명을 비롯한 심학에서는 순수한 도덕 선의지를 긍정하고, 이 도덕 선의지에 의하여 시비선악이 결정되고 실천의 기본 방향이 결정되기 때문에 선의지(심 혹은 양지)와 리(규범 혹은 법칙)는 주객의 관계로 정립되어 있지 않다. 리는 도덕주체가 스스로 자신의 능력에 의거하여 결정한 선을 지향하는 '방향'이다.

심과 성 및 리의 관계 그리고 차별적 의미를 간단하게 해설하면 다음과 같이 요약할 수 있다. 성은 도덕자각과 실천을 충분하게 전개할 수 있는 실체의 존재 의미를 나타내고, 심은 그러한 도덕실체의 활동성(자각과 실천)을 나타내는 개념이며, 리는 이러한 도덕실체가 선을 지향하는 방향을 의미하는 개념이다. 외연만 다를 뿐 내포(내용)는 완전하게 일치한다.

양명에 이르러 심과 성이 양지로 대체되었기 때문에 양명철학에서 양지는 더 이상 시비선악을 판단하는 작용의 의미에만 머무르지 않고 천리의 영역으로 승격된다(良知卽天理). 이러한 양명의 의도는 주자에 대한 비평에서 잘 드러난다.

대저 사물의 리는 내 마음 밖에 있지 않기 때문에 내 마음 밖에서 사물의 리를 구하려고 하면 그 물리를 구할 수 없다. 사물의 리를 잃어버리고서 내 마음을 구하면 내 마음이란 것은 또 어떤 것인가? 내 마음의 본체가 바로 본성이다. 그리고 이 본성은 바로 법칙, 즉 리이다. 그러므로 부모를 섬기는 효도의 마음이 있으면 바로 거기에는 효도의 법칙이 있고, 이 효도의 마음이 없으면 효도의 법칙도 없는 것이다. 임금을 섬기는 충성의 마음이 있으면 바로 거기에는 충성의 법칙이 있고, 충성의 마음이 없으면 충성의 법칙도 없는 것이다. 법칙, 즉 리가 어찌 내 마음 밖에 존재할 수 있겠는가? 주자는 "사람이 학문을 하는 까닭은 심과 리를 얻기 위함이다"고 말하였다. 마음은 비록 일신의 주재자이지만 동시에 천하의 모든 법칙을 관리한다. 리는 비록 만물과 만사에 산재해 있지만 그러나 실은 내 마음의 밖에 있지 않다. 이러한 학설은 심과 리를 나누어 말하고 있는 것 같으면서, 또한 심과 리를 합하여 말하고 있는 것 같기도 하기 때문에 학자들이 이미 심과 리를 둘로 여기는 폐단을 해결하여 주지 못한다. 이것이 바로 후세에 오로지 본심만을 추구하면서 물리를 잃어버린다는 걱정을 하게 하는 원인이다. 이것은 마음이 곧 법칙, 즉 리 자신임을 모르기 때문이다. 대저 마음 밖에서 물리를 구하면 어두워서 통하지 않는 걱정이 있게 된다. 이것은 고자가 의는 마음 밖에 있다고 주장하자 맹자가 이에 대하여 의를 모르는 것이라고 비평한 것과 같다. _『전습록』「중」

비록 양명이 주자가 심과 리를 둘로 나누는 것을 고자의 의외설義外說이라고 의심한 것에는 문제가 없는 것은 아니지만, 양명은 이곳에서 심(양지)과 리(규범·법칙)를 한 실체의 두 가지 의미로 해설함으로서 충효 등의 도덕법칙은 모두 내 마음의 양지로부터 독립하여 자존자재自存自在하는 것이 아님을 명확하게 밝히고 있다. 이 마음(양지)이 없으면 이 리도 존재하지 않는다.

주자에 따르면, 심과 리는 본래적으로 둘이지 하나가 아니기 때문에 반드시 밖으로 나아가 격물치지를 통하여 성리를 파악하고, 성리에 의거하여 정감을 주재해야 한다. 반면 양명에 의하면, 양지(심) 자신이 바로 천리 자신이다. 리는 양지의 활동을 조리 측면에서 말한 것이고, 양지는 동태적인 법칙의 활동을 나타낸 것이다.

맹자는 "만물은 모두 나에게 갖추어져 있다"고 하였고, 상산은 "우주가 바로 내 마음이고, 내 마음이 우주이다"라고 하여 심성을 도덕행위론의 근거로 정립할 뿐만 아니라 존재론적 근거로도 확장한다. 양명도 양지를 천리로 승화함과 동시에 만물 존재의 최후 근거로 승격시킨다. 양명은 다음과 같이 말한다.

양지는 조화의 정령이다. 이 정령은 하늘을 창생하고 땅을 창생하였으며, 귀신을 이루고 제왕을 이루었다. 즉 모든 것들은 이 양지로부터 이루어진 것이다. 정말로 양지는 만물과 대립하지 않는 절대적 존재이다. 사람이 만약 그것(양지)을 완전하게 회복하여, 하나의 결함도 없게 하면 자기도 모르게 손발을 움직여 춤을 추게 될 것이다. 천지 사이에 어떤 즐거움이 이를 대신할 수 있겠는가?_『전습록』「하」

양명은 이곳에서 양지를 두 측면에서 말하고 있다. 첫째, "양지는 조화의 정령이다(良知是造化的精靈)." 이는 양지를 존재론적인 측면에서 말한 것이다. 둘째, "사람이 그것(양지)을 완전하게 회복하여, 하나의 결함도 없게 해야 한다." 이는 양지를 행위론 측면에서 말한 것이다. 양지는 도덕의 원리이고, 만물의 존재 원리 혹 근거이며, 역동적인 창생의 실체이다. 그렇다면 양명이 말한 양지의 창생 의미는 구체적으로 무엇을 의미하는가? 설마 '양명이 도덕실체인 양지로부터 구체적인 유형의 사물이 창조된다'고 생각하였을까? 유가철학에서 도덕실체의 창생 의미는 만물과의 감응 활동을 통하여 물아物我가 무대립의 일체를 이루고, 또 행위의 대상인 사물의 본래적 가치를 완성시켜 주는 것에 불과하다. 『대학혹문大學或問』에 다음과 같은 내용이 수록되어 있다.

대인은 천지만물과 일체를 이루는 사람이다. 또한 대인은 천하를 한 집안으로 여기고, 전 중국인을 자기와 같이 여긴다. 만약 외형적인 것에 의하여 너와 나를 분류하면 이것은 소인들의 행위이다. 대인이 천지만물과 일체를 이룰 수 있는 것은 의도적으로 그렇게 한 것이 아니라 원래 그 마음의 '인'이 천지 만물과 일체이기 때문이다. 어찌 대인만이 그러하겠는가? 비록 소인이라 할지라도 그 마음은 대인과 같지 않은 바가 없다. 그가 단지 스스로 소인과 같은 일을 할 뿐이다. 그러기 때문에 어린아이가 우물에 빠지려고 하는 것을 보면 반드시 두렵고 측은한 마음이 드는데, 이것은 그 마음과 어린아이가 일체이기 때문이다. 어린아이는 사람과 동류이어서 그런 것 같다. 새나 짐승이 슬프게 울고 또 죽기를 두려워하는 모습을 보면 반드시 차마 어떻게 하지 못하는 마음이 드는데, 이는 그 인심仁心과 조수가 일체이기 때문이다. 조수에는 아픔을 느낄 수 있는 지각 작용이 있기 때문인 것 같다. 초목이 꺾인 모습을 보면 반드시 불쌍한 마음이 드는데, 이것은 그 인심과 초목이 일체이기 때문이다. 초목에는 생장의 뜻이 깃들어 있기 때문인 것 같다. 와석이 깨어진 모습을 보면 반드시 애석한 마음이 드는데, 이것은 그 인심과 와석이 일체이기 때문이다. 일체의 인仁은 비록 소인의 마음에도 반드시 갖추어져 있는 것이다.

이곳에서 양명은 "대인이 천지 만물과 일체를 이루는 것은 결코 개인의 주관적인 희망에 의한 것만이 아니라, 대인이 가지고 있는 인심이 본래 그렇기 때문이다"는 점을 강조한다. 그러나 양지는 오로지 대인에게만 갖추어져 있는 것이 아니라 모든 인류에게 보편적으로 갖추어져 있는 것이다. 대인은 양지의 발현에 의거하여 전 인류를 모두 동포로 여기고, 만물을 동류로 간주하려는 회포가 생기며, 소인은 외형적인 것에 의하여 타인과 자기를 나누고, 또한 스스로 자신을 제한하기 때문에 대인과 같은 큰 마음을 표현하지 못한 것이다.

사실 사람은 모두 양지를 본래 갖추고 있기 때문에, 비록 한때에는 양지의 작용을 발현하지 못하는 경우도 있지만, 어린아이가 우물에 빠지려고 하는 것과 같은 특수한 상황에 직면하게 되면 두렵고 측은한 마음이 그 자리에서 자연스럽게 나타나게 되어 어린아이와 일체를 이룬다. 그러므로 소인의 양지도 본질상 대인과 실제로 다를 바 없는 것이다. 사람은 동류인 어린아이에 대해서만 측은지심을 발현하는 것이 아니라, 들짐승과 날짐승에 대해서도 똑같이 차마 하지 못하는 불인지심을 발현하고, 또한 초목이나 혹은 무생물인 기왓장이나 돌에 대해서도 역시 불쌍하고 애석한 마음을 표현한다. 이러한 것들에 비추어 보면 사람 마음의 양지는 실제로 조수나 초목 혹은 와석과도 일체를 이루고 있음을 알 수가 있다. 대인과 소인의 차이는 천지만물과 일체를 이루는 양지의 발현 여부에 달려 있고, 또한 이러한 양지를 발현할 수 있느냐 없느냐는 그가 이욕과 사욕의 마음으로부터의 초탈 여부에 달려 있다. 그러므로 대인의 학문에 종사하는 길은 먼저 사욕에 막힌 마음을 제거하여 본래 가지고 있는 양지의 본래 모습을 회복하는 것이다.

6

양명의 지행합일론과 치양지

일반적으로 유가철학을 행위계통에 속한 학문이라고 한다. 유가철학에서 제시된 수많은 이론들은 하나의 예외도 없이 원만한 실천을 만족시키기 위한 것들이다. 공자의 인·의·예 그리고 맹자의 성선설과 순자의 성악설, 송·명대의 성즉리와 심즉리 및 양지즉천리 등의 심성론, 공자의 "자신의 사사로움을 극복하여 예로 회귀해야 한다"는 극기복례克己復禮와 맹자의 "잃어버린 마음을 회복해야 한다"는 구방심求放心 그리고 순자의 "마음을 비우고, 하나로 집중하며, 고요하게 해야 한다"의 허虛·일壹·정靜, 주자의 거경함양과 격물궁리 및 성의, 상산과 양명의 발명본심과 치양지, 이 중에서 어느 것이 순수한 지식론적 의미에만 그치는 이론인가? 하나도 없다. 실천을 전제로 하지 않는 이론은 유가철학 범주에서는 아무런 존재의 의미가 없다고 해도 과언이 아니다.

앎(知) 역시 마찬가지이다. 앎의 최종 목적은 실천에 있기 때문에 알고서도 행위로 옮기지 않았다면 모르는 것과 별다른 차이가 없다. 마찬가지로 실천은 앎으로부터 시작된 것이기 때문에 도덕가치에 대한 올바른 인식이 전제되지 않은 실천은 설령 그 결과가 선으로 귀결되었다고 할지라도 그것에 대하여 도덕성의 가치는 부여할 수 없다. 단지 어두운 행위, 즉 명행冥行에 불과한 것이다. 이 장에서는 먼저 유가 지행론에 관한 일반적인 견해를 간략하게 서술하고서 주자와 상산 그리고 양명 지행론의 특성과 차이를 분석 해설할 것이다.

1
유가 지행론에 관한 일반적인 견해

지행론과 관련된 주장은 그 언설이 다양하다. '앎은 쉽지만 실천이 어렵다'는 지이행난知易行難, 반대로 '실천은 쉽지만 앎이 어렵다'는 행이지난行易知難, '앎이 먼저이고 실천은 뒤이다'는 선지후행先知後行, '앎은 가볍고 실천이 무겁다'는 지경행중知輕行重, '앎과 실천은 함께 진행해야 한다'는 지행병진知行竝進, '실천하는 과정에서 원리를 깨우친다'는 행중유지行中有知, '진정한 앎을 얻으면 실천이 즐겁게 된다'는 진지락행眞知樂行 등 여러 가지이다. 그러나 이 모든 주장들은 하나로 귀약되는데 그것은 바로 '앎과 실천은 합일해야 한다'는 지행합일이다. 사실 지행합일은 동양의 도가철학과 불가철학은 물론이고 서양의 윤리학에서도 모두 강조하는 이론이다.

또 지와 행은 광의적으로 규정할 수도 있고, 도덕이라는 범주에서만 협의적 규정을 할 수도 있다. 일반인들이 흔히 말하는 '배움과 실천은 합일해야 한다'는 학행합일學行合一 그리고 '말과 행동은 합일해야 한다'는 언행일치言行一致 등은 지와 행을 광의적으로 사용한 것이다. 유가철학발전사에서 지와 행의 합일을 긍정하지 않은 유학자는 아무도 없을 것이다. 유학에서 언행일치와 학행합일을 긍정하고 강조하지 않은 것은 아니지만, 그것에 관한 특별한 이론은 없다. 오로지 지행론에서만 '지에 대한 규정'과 '지를 추구하는 방법' 그리고 '지와 행의 연속적 연계'에 관한 서로 다른 이론들이 있을 뿐이다.

공자에서부터 지행에 관한 이론들이 산발적으로 출현하였지만, 하나의 독립적인 이론체계를 갖추면서 정립된 것은 송명이학이 시작이다. 주자에는 거경함양·격물궁리·성의·선지후행·진지락행·지행병진·지경행중 등의 지행론이 있고, 상산에도 주자처럼 다양하지는 않지만 선지후행과 지행합일의 이론이 있다. 그러나 본격적으로 지행론이 유가철학의 주요 논쟁 주제로 등장한 것은 양명이 주자의 지행론에 대하여 지와 행을 둘로 나눈 것이라고 비평하면서 자신의 독특한 지행합일론을 주창하면서부터이다.

사실 지행에 관한 모든 이론을 포함한 주자와 양명 공부론의 본질적 차이는 그들의 심성론, 즉 성즉리와 심즉리에 의하여 이미 결정된 것이다. 만일 맹자와 상산 그리고 양명처럼 하나의 도덕적 선의지를 긍정하고서 그 선의지에 대하여 선과 악을 당장에서 판단하고 결정할 수 있는(知善知惡) 능력을 부여할 뿐만 아니라 자신이 판단한 선을 좋아하고, 악을 싫어하는(好善惡惡) 능력을 부여한다면 지와 행 사이에 논리적 선후는 긍정할 수 있을지라도 사실적으로 지와 행은 동시에 출현한다는 이론이 도출될 수밖에 없다. 즉 지행은 자연스럽게 합일되고, 합일될 수밖에 없다.[11] 그러나 지선지악과 호선오악의 주체와 대상을 달리 규정한

---

11 양명이 말한 지행합일에서 합일은 두 측면에서 이해해야 한다. 하나는 근원적인 의미, 즉 선을 알고 악을 앎과 동시에 자신이 판단한 선에 대해서는 희열의 정감이 수반되고, 악에 대해서는 혐오의 정감이 동시에 수반된다는 것이다. 다른 하나는 비록 지선지악과 호선오악은 시간적으로 동시에 출현하더라도, 이것과 실제적인 도덕행위인 '선을 실천하고 악을 제거하는' 위선거악(爲善去惡)은 시간적으로 차이가 있을 수 있지만, 지선지악과 호선오악 그리고 위선거악은 '선의지(良知)의 단절 없는 자아실현 과정이다'는 의미이다. 일반사람들은 지행합일의 합일 의미를 지선지악과 호선오악 그리고 위선거악이 동시에 발생하는 것으로 이해하고서 양명 지행론을 비평하지만, 실제로 양명 지행론에서 합일의 핵심 의미는 지선지악과 호선오악의 동시 출현에 있다.

다면 비록 합일은 주장할 수 있지만 지선지악의 작용과 호선오악의 작용이 동시에 출현된다고 주장할 수 없다.

일반적으로 양명철학에서 지행합일설을 대표적인 이론으로 인식하고 있지만 사실 지행합일설은 양명학의 핵심 종지宗旨인 치양지에 부속된 2차적인 이론에 불과하다. 왜냐하면 치양지가 이루어지면 지행합일은 필연적으로 수반되기 때문이다. 때문에 양명은 50세 이후 치양지를 본격적으로 내세우면서부터 지행합일에 대해서는 거의 언급을 하지 않는다. 그러나 세인들에게 주목받은 것은 치양지가 아닌 지행합일설이다.

앞에서 강조한 것처럼 지행의 '합일'은 유가철학자들이 공통적으로 추구하는 이상이다. 그러나 '지와 행의 관계', '지를 추구하는 방법', 그리고 '지와 행의 결합'에 대해서는 주자와 양명이 서로 다르다. 주자철학에서 보면 지를 얻는 방법은 독서 등을 포함한 격물치지 외에 다른 방법이 없다. 주자의 지행론에서 지와 행의 주체는 심이다. 그러나 심이 비록 주체이지만 표준과 법칙의 의미는 갖고 있지 않다. 표준과 법칙은 마땅히 성리에서 구해야한다. 심은 구체적인 사물에 즉卽하여 그 사물의 소이연지리를 탐구하고, 또 자신과 그 사물 사이에 마땅히 실현되어야 할 소당연지칙을 인식해야 한다. 이것이 바로 지행에서 '지'이다. 또 심은 자신이 인식한 리에 의거하여 의념을 순화하고 조절하여 정감의 발현을 선으로 유도할 수 있다. 이것이 바로 지행의 '행'이다. 주자는 '심은 성과 정을 통섭한다'는 심통성정心統性情을 주장하였는데, 심통성心統性은 지에 해당하고, 심통정心統情은 행에 해당하는 이론이다.

주자에 의하면 행위의 시작인 의념이 진실무망하게 되려면 반드시 성리에 대한 심의 올바른 인식이 전제되어야 한다. 따라서 격물치지의 '지'가 먼저이고 성의의 '행'이 다음이다. 주자는 비록 "앎보다는 실천이 중요하다(知輕行重)"는 것과 "앎과 실천은 같이 추구할 수 있다(知行竝進)" 그리고 "실천을 하면서 앎을 얻을 수 있다(行中有知)" 등을 주장하였지만, "앎이 먼저이고 실천은 뒤이다"는 '선지후행'을 지행론의 기본 골격으로 내세웠다. 후에 주자의 후학들은 오로지 선지후행만에 집착하고, 앎이 진실하면 실천이 즐겁다는 진지락행眞知樂行에만 몰두하여 지행론에 관한 다른 이론을 간과하였다. 양명의 시대에 이르러 주자학자들이 실천력이 약화된 지행론을 견지한 것은 주자 지행론의 전체 규모와 실질적 의미를 온전하게 파악하지 못하였기 때문이다.

비록 양명이 주자의 지행론을 신랄하게 비평하였지만, 두 학자의 지행론은 많은 부분에서 교집합을 이룬다. 두 사람 모두 앎보다는 실천을 강조한다(知輕行重). 물론 실천을 강조한 것은 두 사람만이 아니라 전체 유학자 모두가 그렇다. 그리고 합일의 의미는 서로 간에 약간의 출입이 있지만 모두 지행합일을 강조한다. 지행의 선후 문제에 관해서는 완전히 대립된 것은 아니다. 주자학에서는 격물치지가 먼저이고, 성의가 그 다음이기 때문에 '지'와 '행' 사이에는 논리적 선후뿐만 아니라 시간적 선후도 존재한다. 반면 이미 앞에서 말한 바와 같이 양명의 지행론에서는 논리적인 선후는 긍정할 수 있지만 시간적인 선후는 없다. 물론 구체적인 도덕행위와 앎(知善知惡) 사이에는 시간적 선후가 존재한다. 예를 들어 부모에 대한 효를 해야 함을 자각함과 동시에 부모를 그리워하는 마음이 동시에 발생한다. 효에 대한 자각(지)과 그리움(행) 사이에는 오로지 논리적 선후만 있을 뿐 시간적 선후는 없지만, 부모에게 문안을 드리는 등의 도덕행위와 자각 사이에는 논리적 선후와 함께 시간적 선후도 존재한다.

양명의 지행합일론은 분명 주자의 선지후행론을 지적하면서 주장한 것이지만 주자 지행론의 핵심에 대한 양명의 이해는 부족한 면이 많다. 서애徐愛와의 문답에 다음과 같은 말이 있다.

그런데 오늘날 사람들은 도리어 '지'와 '행'을 두 가지로 나누고서 반드시 먼저 안 뒤에 실천할 수 있다고 생각한다. 그래서 자신은 지금처럼 강습과 토론을 통하여 앎의 공부를 하고, 앎이 참되기를 기다리고 나서야 비로소 실천하는 공부를 하려고 한다. 그러므로 결국 평생토록 실천하지도 못하고 또 알지도 못한다. 이것은 작은 병폐가 아니고 그 유래도 오래되었다. 내가 지금 지와 행이 합일한다고 말하는 것은 바로 병을 치료하기 위함이다. _『전습록』「상」

양명은 "그래서 자신은 지금처럼 강습과 토론을 통하여 앎의 공부를 하고, 앎이 참되기를 기다리고 나서야 비로소 실천하는 공부를 하려고 한다"고 하였다. 이는 분명 당시 주자학자들의 실상을 정확하게 지적한 것이지만, 그것과 주자 지행론을 동일시해서는 안 된다. 주자의 지행론에서 선지후행이 근본이지만 주자는 이것과 아울러 '지와 행은 함께 진행되어야 한다(知行竝進)'를 긍정하였고, '아는 것보다 실천이 중요하다(知輕行重)'는 점도 강조하였다. 따라서 당시 주자학자들의 지행론 실상은 주자의 본의와 상당히 격리된 것이었다. 물론 양명의 고민도 있다. 양명이 당시 주자학자들에게만 모든 잘못을 돌렸다면 학계의 주목을 끌 수 있었겠는가? 성리학의 집대성자이면서 명대 이데올로기의 핵심인 송명성리학의 대종사인 주자를 직접 비평해야만 학계의 주목을 받을 수 있었을 것이다.

또한 양명은 "결국 평생토록 실천하지도 못하고 또 알지도 못한다"는 폐단은 '지'와 '행'을 분리하는 이론적 체계로부터 발생된 것이라고 이해하고 있는데, 정말로 그런가? 이론적으로 앎과 실천을 둘로 분리하면 실천이 어렵게 되는가? 필자는 이에 대해서도 회의적이다. 양명에 의하면, '지'와 '행'이 합일되지 않은 근본적인 원인은 두 가지이다.

첫째, 의지, 즉 심이 자신에 대하여 도덕법칙이 아닌 경우이다. 심즉리를 긍정하지 않고 오로지 성즉리만을 긍정하는 주자학의 심성론이 이 경우에 해당한다. 이는 이론에 관한 문제이다. 만일 도덕법칙에 대하여 의지(심)가 자율성과 자결성을 갖고 있지 않으면 의지는 반드시 자신(心) 밖에서 도덕법칙을 찾아야 한다. 주자는 격물궁리를 제시하였는데, 격물궁리가 바로 심 밖에서 법칙을 추구하는 방법과 경로이다. 또 주자의 지행론에서 격물치지 활동의 결과인 지지知至와 의념을 순화하는 성의는 동질적인 연속이 아니라 이질적인 결합임이 분명하다. 따라서 양명학처럼 이론적으로 '합일'이 순조롭거나 자연스럽지는 않다. 그러나 이는 어디까지나 이론상의 문제일 뿐이다.

둘째, 양지를 구체적인 실천으로 확충하지 못하였을 경우이다.

양지가 드러나지 못하면 의념이 선을 지향하는지 악을 지향하는지 알 수 없다. 반드시 양지가 의념이 발동할 때 선악을 판단하여 선에 대해서는 긍정하고, 악에 대해서는 혐오의 마음을 표현하여 선은 드러내고 악은 제거해야 한다. 이것이 바로 지선지악과 호선오악 그리고 위선거악의 자연스러운 전개이고, 양지의 확충 즉 치양지이다.

필자는 치양지가 실현되지 않았을 경우에는 '지'와 '행'이 합일되지 못한다는 점에 대해서는 당연히 동의한다. 그러나 '지'와 '행'이 합일되지 않은 이유를 심과 리를 둘로 나누는 주자학의 의리에서 찾는 것에 대해서는 동의하지 않는다. 앞에서 이미 밝힌 바와 같이 '지'와 '행'이 합일되지 않은 근본적인 이유는 선에 대한 인식이 실천을 강하게 수반하지 못하였기 때문이다. 비록 주자철학에서 앎의 결과인 지지知至와 성의가 이질적인 결합이라고 할 수 있지만 성리에 대한 앎은 곧 성리가 심 자신의 덕임을 인증하는 것이기 때문에 비록 일자의 연속적인 유행은 아닐지라도 그 결합이 억지스럽지는 않다. 양명은 '지'와 '행'이 합일되지 않은 근본적인 원인을 심과 리가 둘이 되는 것(心理爲二)에서 찾고 있다. 그렇다면 심즉리를 긍정하면 '지'와 '행'의 합일은 훨씬 용이해지는가? 그렇게 보일 수는 있지만 필연성은 없다. 핵심적인 관

210

건은 앎의 정확성, 그리고 그것을 실천하려는 동기의 순수성과 강한 의지의 발현에 있다.

혹자는 명 중기에 주자학자들의 '지'에 대한 지나친 집착의 원인을 주자의 진지락행眞知樂行에서 찾기도 한다. 다시 말하면 주자가 리에 대한 앎이 지극의 경지에 이르면 즐거운 실천(樂行)을 수반한다고 강조하였기 때문에 후학자들이 궁리에 지나치게 치중하였다는 것이다. 명 중기 이후 주자학자들이 이러한 행태를 보인 것은 사실이다. 그러나 이는 주자학에 대한 그들의 몽매함에서 비롯된 것이기 때문에 이들의 행태와 주자 지행론의 본질에 대해서는 이성적인 구별이 필요하다.

주자가 비록 '진지락행'을 주장하였지만, 동시에 '지행병진'을 긍정하였으며, 또 '지경행중'을 강조하였다. 때문에 주자학의 진면목을 올바르게 파악하였다면 결코 그러한 말류적 경향을 보이지 않았을 것이다. 필자는 선행연구에서 양명의 지행합일에 대한 퇴계의 비판을 분석한 적이 있는데, 퇴계의 이해는 수용할 만한 객관적 가치가 거의 없는 무고에 불과하다는 것이 필자의 판단이었다. 그러나 비록 퇴계처럼 심각하지는 않지만 양명의 주자의 지행론에 대한 이해 역시 실상과는 차이가 많다.

2
주자 지행합일의 과정과 특성

앞에서 이미 밝힌 바와 같이 양명의 지행합일론은 주자의 지행론에 대한 비평과 궤적을 함께하면서 발표된 것이다. 따라서 주자의 지행론에 대한 일정한 이해가 전제되지 않으면 양명 지행론의 특성이 어디에 있는지 쉽게 파악할 수 없다. 비록 양명이 주자의 지행론을 비평하였지만 필자는 두 사람의 지행론은 '가는 길은 다르지만 동일한 목표로 귀속된다(殊途而同歸)'고 생각한다. 다시 말하면 앎과 행위의 주체에 대한 의미 부여와 앎을 이루는 방법 그리고 의념을 순일하게 하는 방법에 대해서는 서로 다른 입장을 취하지만 종극의 목적은 동일하다.

비록 양명이 심즉리를 긍정하기 때문에 '지'를 취득하는 방법 그리고 지와 행의 연계에 대한 설명이 비교적 이간易簡하고 직절直切하게 보이지만 동시에 앎을 취득함에 있어 어딘지 주관성에 치우친다는 느낌도 든다. 반면 주자는 거경함양과 격물치지 그리고 성의의 연계가 이론적으로 약간은 부자연스럽지만 객관적인 성리에 대한 점진적인 인식을 토대로 이루어진 '지', 즉 도덕판단의 객관성 확보는 양명의 지행론에 비해 장점이라고 할 수 있다.

주자의 지행론에서 심은 지와 행의 주체이고, 성리는 표준이며, 양자의 합성을 통하여 의념을 순일하게 하여 희로애락의 정감 발현을 선으로 유도하는 것은 거경함양과 격물치지 그리고 성의이다. 주자의 지행론에서 심이 지행의 주체이지만, 지행의 표준이 될 수 없는 것은 주자가 심즉리를 긍정하지 않기 때문이다. 심즉리를 긍정하지 않는다는 것은 주자가 도덕실천의 최후 근거인 성리를 역동적인 실체로 인식하지 않고 단지 정태적인 원리로만 이해한다는 것과 동일하다. 주자철학에서 성리가 역동적인 실체가 아닌 정태적인 원리라는 이론적 근거는 리기론과 심성론 모두에 있다. 『주자어류』에 다음과 같은 말이 수록되어 있다.

신神은 심의 지극히 오묘함인데, 기 속에 흘러들어 가있다. 또 신은 단지 기일 뿐이다. 그러나 신은 또 기의 지극함과 오묘함이다.
_『주자어류』「권95」

리는 음양에 올라타 있다. 이는 사람이 말을 타고 있는 것과 비슷하다. 또 말하였다. "말이 한 번 나가고 들어오면 사람도 역시 한 번 나가고 들어온다." _『주자어류』「권94」

리는 지각하지 못한다. _『주자어류』「권5」

리에는 정감과 의지도 없고, 헤아리는 작용도 없으며, 무엇을 조작
하지도 않는다. _『주자어류』「권1」

원래 신神은 '번개'를 지칭한다. 번개는 언제 어디로 칠지 모르
니까 '알 수 없다'의 '불가측不可測' 의미로 사용되었다. 후에 우주
론(리기론)에서 '신'은 역동성의 의미로 사용되었는데, 이 '신'의 작
용을 도 혹은 리에 부여하면 본체는 곧 동태적인 실체로 자리매
김하는 것이고, 신을 리에서 말하지 않고 기의 작용으로 귀속시
키면 본체는 정태적인 원리로 정립되는 것이다. 주자는 신을 기
에서 말할 뿐 리에서 말하지 않았다.[12] 이처럼 리기론에서 본체가
정태적인 원리이기 때문에 심성론에서도 본체는 원리 혹은 법칙
혹은 표준의 의미만 가질 뿐이다. 때문에 주자는 "리에는 정감과
의지도 없고, 헤아리는 작용도 없으며 무엇을 조작하지도 않는

---

[12] 주자와 달리 정명도는 형이상의 실체인 천도를 '체(體)'와 '리(理)' 그리고 '용(用)'으로 나누고서
"그 체는 역(易)이라고 말하고, 그 리는 도(道)라고 말하며, 그 용은 신(神)이라고 한다"(『이정유서』
「권1」)고 하였다. 정명도에 의하면, '체'는 실체를 의미하고, 리는 실체의 법칙성을 의미하며, 용
은 실체의 작용을 의미한다. 실체를 말할 때는 역이라고 칭하고, 법칙을 말할 때는 도라고 칭하
며, 작용을 말할 때는 신이라고 한다. 역과 도 및 신은 외연적 개념만 다를 뿐 실제 내용은 동일
하다. 즉 동실이명의 관계인 일자이다.

다"고 한 것이다.

또 주자는 신은 기에 속한 작용이지만, 기의 지극함과 오묘함이라고 한다. 이 말을 심성론에 적용하면 심은 기에 속하지만, 기의 령靈과 정상精爽이라는 것과 완전 동일하다. 즉 우주론에서 신은 활동성을 표현하지만, 맹목적인 활동이 아니라 우주변화의 생생불식生生不息이라는 가치의 활동과 관련이 있다. 심의 '령'과 '정상'이라는 작용도 성리에 대한 인식과 정감의 조절과 관련이 있는 활동이다. 비록 우주론과 심성론에서 서로 다른 개념으로 사용되고 있지만, 신과 심은 역동성과 가치의 생성이라는 공감대를 공유하고 있는 작용이다.

성리의 정태성은 지행의 주체와 공부 초점을 성리에서 심으로 전이시키는 이론적 근거이다. 성리는 비록 지선至善의 실체로서 만리萬理를 선험적으로 갖추고 있지만 불활동자이기 때문에 지선의 내용인 만리를 스스로 드러내 지행의 전 과정을 주재할 수 없다. 부자간에는 효가 실행되어야 하고, 군신간에는 충이 실현되어야 하지만, 충과 효의 도리를 인식하여 실천을 관장하는 것은 심일 뿐 성리가 아니다. 만일 심의 지각작용이 없으면 성리性理는 초연하게 지선의 영역에 놓여 있을 뿐 별다른 작용을 할 수 없다. 심에 의한 성리의 지각이 바로 지행의 지(格物致知)이고, 행동의 시작인 의념의 발동을 성리에 합치시키는 활동이 바로 지행의 행(誠意)이다. 주자는 격물궁리와 궁리의 목적을 다음과 같이 해설한다.

> 궁리는 사물의 소이연과 그 소당연을 알려고 하는 것뿐이다. 그 소이연을 알기 때문에 그 뜻이 미혹되지 않고, 소당연을 알기 때문에 그 실천(行)이 어긋나지 않는다. _『주문공문집』「권64」

궁리의 근본 목적은 결코 객관적인 사물을 인식하는 것도 아니고, 2차적 의미의 물리적 원리를 인식하기 위함도 아니다. 사물의 '소이연의 리'를 인식하고, 주체와 대상 사이에 마땅히 존재해야 하는 소당연의 원칙을 알아서 행위를 도리에 맞게 실현하고자 함이다.

궁리는 격물과 치지를 통하여 구체적으로 실현되는데, 격물과 치지는 개념적으로는 구별하여 해설할 수 있지만, 사실적으로는 한 가지 일이다. 구분하여 말하면, 격물은 수단이고, 치지는 목적이다. 또 격물은 사물에서 하는 공부이고, 치지는 자아(심)에서 하는 공부이며, 격물은 리를 대상으로 하고, 치지는 심을 대상으로 하며, 격물은 대상에서 말한 것이고, 치지는 주체에서 말한 것이다. 이처럼 분리하여 해설할 수도 있지만, 격물과 치지는 한 가지 일의 두 측면일 뿐이다. 격물과 치지의 관계에 대하여 주자는 다음과 같이 말한다.

> 치지·격물은 단지 한 가지 일일 뿐이다. 오늘 격물하고 내일 또 치지하는 것이 아니다. _『주자어류』「권15」
>
> 격물치지는 피아를 상대적으로 말한 것일 뿐이다. 격물을 치지로 해야 하는 까닭은 이 일에서 10분의 1에 해당하는 리를 궁구하면 나의 지식도 10분의 1이 얻어지기 때문이다. … 치지는 격물에서 하는 것이지 격물 외에 또 다른 곳에서 확충하는 것이 아니다.
>
> _『주자어류』「권18」

구체적인 사물을 '격'하지 않으면 내 마음의 지각작용은 지향점이 없기 때문에 허공에 비출 수밖에 없다. 치지는 반드시 격물을 통하여 진행된다. 치지와 격물은 병진할 뿐만 아니라 치지는 격물로써 치지하는 것이며, 격물은 치지를 그 목적으로 삼는다. 주자는 "격물과 치지를 밥을 먹으면 배가 부름으로 비유"(『주문공문집』「권44」)하기도 한다. 격물이 많으면 많을수록 심의 인식작용은 더욱 영명해질 뿐만 아니라 사물의 도리에 대한 지식 역시 양적으로 풍부해지고 질적으로 순일해진다. 이는 '지' 즉 도덕판단이 주관성을 극복하여 점차 객관적인 합리성을 확보한다는 의미로 해석할 수 있다. 객관성의 극치인 보편성 그 자체의 인식이 바로 지지知至이다. 주자에 의하면, 지지는 다름 아닌 활연관통豁然貫通의 경지인데, 이 경지는 반드시 부단한 격물치지와 많은 궁리를 통하여 점진적으로 이루어진다.

주자의 인식론을 불교의 용어로 표현하면 점교漸敎의 형태에 속한다고 할 수 있다. 즉 부단한 적습積習과 적루積累를 통하여 진행된다. 필자의 생각엔 양명의 인식론은 돈오점수頓悟漸修인 것 같고, 주자는 점수돈오漸修頓悟인 것 같다. 점수는 적습과 적루이고, 돈오는 활연관통 지지의 경지이다. 활연관통에 대해서 학자들의 견해는 통일되어 있지 않다. 혹자는 활연관통을 귀납의 방법을 통하여 얻어진 일반화된 지식으로 이해하기도 하는데, 결코 그렇지 않다. 격물치지와 궁리의 외적 형태는 귀납의 방법과 유사하다. 그러나 격물치지는 객관세계에 대한 경험지식을 추구하는 방법이 아니고, 활연관통의 지지 역시 개연성을 본질로 하는 일반화된 지식이 아니다. 격물치지와 궁리의 최종 경지인 활연관통은 모든 차별상과 류類를 초월한 일반성 혹은 보편성 그 자체를 의미한다.

주자의 지행론에서 격물치지는 지의 시초이고, 성의는 행의 시초이다. 행은 선한 정감의 실현인데, 아마 독자들은 주자가 성정誠情이라고 하지 않고 성의誠意라고 하는 것에 대하여 궁금하게 생각할 것이다. 이는 문자의 의미 차이에서 비롯된 것이다. 즉 '정情' 자와 '의意' 자를 구별해야만 그 원인을 파악할 수 있다. 일반적으로 '정'은 구체적인 정감이고, '의'는 구체적인 정감을 실현하려는 의지이다. 무엇을 하고 싶은 마음은 '정'이지만, 그것을 어떤 대상에 실현하려고 하는 마음은 의지이다. '의' 자에는 역동성뿐만 아니라 방향성의 의미가 포함되어 있다. 주자는 마차를 '정'으로, 마차 몰이꾼을 '의'로 비유하였는데, 이는 주자가 '의'를 '정'에 대한 일종의 판단과 방향성으로 규정하고 있음을 의미한다. 때문에 행위의 선악은 '의'의 성誠과 불성不誠에서 비롯되는 것이다. '의'의 진실함誠과 진실하지 못함不誠은 행위의 선악을 결정한다. 그렇다면 '의'는 어떻게 순화되는가? 주자에 의하면 격물치지가 성의의 전제 조건이다.

'의意'는 스스로 순화되지 못하기 때문에 '의'를 순화하고자 하면 반드시 먼저 격물치지를 해야 한다. _『주문공문집』「권60」

격물치지가 성의의 전제조건이라면 '의'의 진실함과 진실하지 못함은 사실 '지知'의 '지至'와 '미지未至'에 의하여 결정된다고 할 수 있다. 때문에 주자는 "물격지지 후에 이미 성의는 80-90%는 이루어진 것이다"(『주자어류』「권16」)라고 한 것이다. 이처럼 주자 지행론의 기본 골간은 먼저 '지'가 이루어지고 나중에 '행'이 이루어진다는 선지후행이다. 이것 외에 진지락행과 지경행중 및 지행병진설이 있지만, 이는 주자만의 지행론이 아니라 모든 유자들이 긍정할 수 있는 지행론의 일반적 주장이다.

주자의 지행론에서 가장 많은 의문을 불러일으키는 것은 지지와 성의의 결합일 것이다. 지지는 성리에 대한 인식 결과이다. 앎의 완전함至과 완전하지 못함未至이 실천의 시초인 의념의 진실성 여부를 결정한다. 그렇다면 어떻게 지지가 의지의 진실함과 진실하지 못함을 결정하는가? 만일 심과 성 및 리를 일자관계로 정립한다면 성리에 대한 심의 희열은 자신의 법칙에 대한 스스로의 기쁨이고, 의념의 순화는 자기 법칙에 의한 자기 정화이기 때문에 이론의 전개가 자연스럽다.

그러나 주자 도덕론에서 성리와 심 그리고 의념은 같은 층위의 동질적 존재가 아니다. 성리와 심 그리고 성리에 대한 인식 결과(知至)와 성의가 자연스럽게 합일하려면 삼자 관계에서 동질성을 확보해야 한다. 필자는 주자가 심을 기의 정상精爽 혹은 령靈이라고 한 것에서 동질성을 찾을 수 있다고 생각한다.

주자가 심을 기의 '정상' 혹은 '령'이라고 규정한 것은 심이 성리를 인식할 수 있는 능력을 갖추고 있기 때문이다. 오로지 그것뿐인가? 오로지 성리를 인식할 수 있기 때문에 '령' 혹은 '정상'이라고 한다면 심의 '령'과 '정상'의 의미는 제한적이다. 필자는 심에 부여한 '령'과 '정상'의 작용은 성리에 대한 인식과 아울러 성의에도 적용된다고 생각한다. 만일 '령'과 '정상'의 의미를 성리에 대한 인식 작용에만 제한시킨다면 주자가 말한 심통성정뿐만 아니라 지지와 성의의 연계도 부자연스러움을 면하기 어렵다.

우리는 지행 문제를 논할 때 다음 세 가지 형태를 예설할 수 있다.

첫째, 알지만 실천하지 않는 경우(知而不行)이다.

둘째, 실천은 하였지만 왜 실천해야 하는지 그 까닭을 알지 못한 경우(行而不知)이다.

셋째, 알면 곧 실천으로 옮기는 경우(知卽行)이다.

두 번째의 '실천은 하였지만 왜 실천해야 하는지 그 까닭을 알지 못한 경우'는 비록 적법성適法性 가치에 대해서는 의론할 수 있는 여지가 있지만, 어두운 행위(冥行)이기 때문에 유가철학에서는 줄곧 논외의 주제로 치부하였다. 주자와 양명 지행론에서 논의하고 있는 것은 처음과 마지막이다. 마지막의 '알면 곧 실천으로 옮기는 경우(知卽行)'는 가장 이상적인 형태의 지행이다. 그러나 '알지만 실천하지 않는 경우(知而不行)'에 대해서는 주자와 양명 두 사람의 판단이 다르다. 양명은 '알지만 실천하지 않는 경우'를 '알지 못한 것(未知)'라고 하지만, 주자는 '앎이 아직 충분한 경지에 이르지 못했다(未至)'고 한다.

불완전이라는 측면에서는 미지未知와 미지未至가 동일하다. 그러나 양명과 달리 주자는 자신이 말한 '未至'의 단계를 상세하게 분류한다. 주자에 의하면, 얕은 지(淺知)와 상식적인 지(常知) 그리고 깊은 지(深知)와 참된 지(眞知)의 차별이 있다. 만일 '깊은 지'와 '참된 지'의 지식을 얻었다면 지지知至이기 때문에 성의가 자연스러울 것이지만, 얕은 앎과 상식적인 앎이라면 未至이기 때문에 성의가 부자연스러울 것이다.

222

3
상산의 지행론

　상산의 지행론은 주자·양명과 비교할 때 특별한 이론은 없는 것 같다. 그러나 특이한 점은 있다. 하나는 상산의 심학이 양명 양지학문의 선구이지만, 지행론에 관해서는 주자와 동일하게 선지후행을 긍정한다는 점이고, 다른 하나는 지와 행을 『역』의 건곤 작용을 근거로 설명한다는 점이다. 상산은 지행론에서 '지'가 도덕 시비선악의 판단, 즉 가치의 범주에 속한 '지'임을 분명하게 밝히고 있다.

　아는 것을 안다고 하고, 모르는 것을 모른다고 하는 것이 진정한 앎이다. 후세 사람들은 어떤 것에 대하여 모르는 것을 부끄럽게 생각하지만, 이는 부끄럽게 생각하지 않아야 할 것을 부끄럽게 생각한 것이다. 인정과 물리의 변화를 어떻게 다 궁구할 수 있겠는가? 성인도 다 알 수 없을 것이다. _『상산전집』「권1」

　"아는 것을 안다고 하고, 모르는 것을 모른다고 하는 것이 진정한 앎이다"는 공자가 자로에게 한 말이다. 이곳에서 공자가 말한 '앎'은 지식에 관한 사람의 태도 즉 '지혜의 지智'일 것이다. 사람의 감정 그리고 사물의 변화는 참으로 다양하고 복잡한데 어떻게 그것을 다 궁구할 수 있겠는가? 이러한 가치중립적인 경험과학 지식에 대해서는 일반사람뿐만 아니라 성인 역시 모르는 바가 있을 수밖에 없다. 이러한 지식에 대해서는 결코 무소부지無所不知라고 할 수 없다. 따라서 경험과학 지식의 무지에 관해서는 부끄럽게 생각할 이유가 없다. 모르는 지식이 있으면 배워서 알면 그만이다. 또 불필요한 지식은 억지로 배워 익힐 필요도 없다.

그러나 도덕가치의 범주에서 양지와 양능을 구비한 도덕주체에 대해서는 무소부지와 무소불능無所不能을 긍정할 수 있다. 즉 도덕에 관한 지식은 양지의 요청에 따라 어떤 상황에서도 그에 합당한 지식을 내놓을 수 있고, 그 지식에 의거하여 도덕행위를 실현할 수도 있다. 따라서 도덕가치와 관련된 지식 그리고 행위의 부족에 대해서는 마땅히 부끄러워해야 한다. 만일 부끄러움마저 없다면 이는 수오지심이 없다는 것과 같은 의미이기 때문에 맹자의 규정에 따르면 "사람이 아니다(非人)."

상산은 지와 행을 실리實理에 대한 인식과 실행으로써 설명한다.

우주에는 본래부터 실리實理가 있다. 배움에서 귀하게 여겨야 하는
것은 이 실리를 밝히는 것일 뿐이다. 이 실리를 밝힐 수 있으면 자
연스럽게 실행實行이 있게 되고, 실사實事가 있게 된다.

_『상산전집』「권14」

이곳에서 상산은 자신의 심즉리의 리를 실리實理로, 학술은 실
학實學으로, 행위는 실행實行과 실사實事로 규정하지만, 자신의 학
술의 성격을 '실實'로 규정하는 것은 상산의 전유물이 아니다. 송
명이학에서는 도가와 불가의 학술, 특히 불가에서 공空을 근본으
로 삼자, 불가와 차별화를 시도하기 위하여 '실'을 강조한다. 주자
도 인의예지를 내용으로 하는 자신의 성리를 '실리'라고 하였고,
상산도 동일하게 자신의 심즉리를 '실리'로 규정한다. 실학과 실
사 및 실행에 대한 규정 역시 마찬가지이다. '실' 자의 사용은 아
마 자신이 추구하는 진리가 허환虛幻이 아닌 인생의 삶과 본질적
관련이 있음을 강조하기 위한 표현법인 것 같다. 필자가 보기에
는 상산도 예외는 아닌 것 같다.

상산에 의하면, 실리와 실행 그리고 실사는 동일한 도덕주체의
연속적인 자기실현의 단계일 뿐이다. 상산은 자신의 학술을 실
학으로 규정하고서 주자의 성즉리와 격물치지를 아무런 내용이

없는 의론議論으로 평가 절하한다. 그러나 이는 상산, 그리고 상산의 학술에 동의하는 소수의 유자들에게만 적용되는 편협한 규정이다.

상산의 심즉리는 양명 학술의 원천이지만, 지행의 선후에 관해서는 양명과 다르게 선지후행을 주장한다. 그러나 실질적인 내용을 보면 양명의 지행론과 철저하게 일치한다. 상산 선지후행론의 이론적 근거는 『역』의 건과 곤이다.

내가 이 리를 아는 것은 건乾이다. 이 리를 실천하는 것은 곤坤이다. 앎이 먼저 있기 때문에 건의 지를 위대한 시작이라고 한 것이다. 실천이 뒤이기 때문에 곤의 능能이 만물을 완성한다고 한 것이다. _『상산전집』「권34」

'건의 작용이 있기 때문에 쉽게 알 수 있고(乾以易知), 곤의 작용이 있기 때문에 간단하게 할 수 있는 것이다(坤以簡能). 비록 이처럼 중립적으로 해석하였지만, 건지는 양지이고, 곤능은 양능의 다른 표현일 뿐이다. 상산에 의하면 양지의 지선지악이 먼저이고, 이것에 대하여 호선오악과 위선거악의 양능 작용이 논리적으로 뒤라는 것이다. 양지와 양능은 동일주체의 두 작용이고, 시간적으로는 동시에 발생하지만 선지후행에 대한 상산의 입장은 확고하다.

> 송松이라는 사람이 "지智와 성聖 사이에는 우열이 없지만, 선후는 있다. 치지가 먼저이고, 역행이 뒤다. 그렇기 때문에 시작과 마침이 있는 것이다"라고 말하자 선생이 "그렇다"고 하였다.
>
> _『상산전집』「권34」

지智는 앎이고, 성聖은 실천에 관한 또 다른 표현이다. 지와 행 사이에 우열은 없지만 선후는 존재한다는 것이다. 그러나 이때의 선후는 단지 논리적 선후일 뿐이다. 이러한 선후는 맹자와 양명의 입장과 다르지 않다. 때문에 상산은 지와 행 사이에 비록 논리적 선후는 긍정할 수 있지만 양자는 동일선상의 연속적 관계임을 강조한다.

> 옳음을 드러내고 그름을 제거해야 하며, 개과천선해야 함은 경전의 말이다. 그른 것을 제거하지 않는데 어떻게 올바름이 드러날 수 있겠는가? 잘못을 바꾸지 않았는데 어떻게 선으로 될 수 있겠는가? 그름을 알지 못하는데 어떻게 그름을 제거할 수 있겠는가? 잘못을

모르는데 어떻게 바꿀 수가 있겠는가? 스스로 그름을 안다고 하면서도 그것을 제거하지 못한다면 이는 그름을 모르는 것이다. 스스로 잘못을 안다고 하면서도 잘못을 바꾸지 못한다면 이는 잘못을 모르는 것이다. 참으로 그름을 알았다면 제거할 수 없는 것이 없다. 참으로 잘못을 알았다면 바꿀 수 없는 것이 없다. 사람에 있어서 걱정은 그름을 알지 못하고, 잘못을 알지 못함에 있을 뿐이다. 배움에서 귀하게 삼아야 할 것은 앎을 확충하여 잘못을 바꾸는 것에 있다. _『상산전집』「권14」

위의 내용은 양명의 지행론과 완전 일치한다. 비록 앎이 먼저이고 실천이 뒤이지만, 진정한 앎은 참된 실천을 수반하기 때문에 반드시 앎이 진실해야 한다. 상산에 있어서 앎知은 도덕주체, 즉 심즉리의 심을 온전하게 회복하였음을 의미한다. 때문에 "그름을 알았다면 본심은 이미 회복된 것이다"(『상산전집』「권35」)고 한 것이다.

4
치양지와 지행합일

지행이라고 칭하면 어딘지 그 의미가 추상적인 느낌을 받는다. 지와 행의 의미를 좀 더 상세하게 해설하면, 하나는 '올바른 의지를 긍정하여 구체적으로 실행되게 하는 것'이고, 다른 하나는 '올바르지 못한 의지를 바르게 교정하여 올바른 방향으로 실현되게 하는 것'이다. 양명에 의하면, 의지는 비록 선악이 있을 수 있지만(意有善與惡), 양지가 의지의 지향성이 선인지 아니면 악인지를 그 자리에서 판단할 수 있을 뿐만 아니라, 선에 대해서는 희열을 드러내고, 악에 대해서는 혐오와 증오를 드러내기 때문에 의지의 선을 밖으로 실현하게 할 수도 있고, 의지의 악을 제거할 수도 있다.

사람은 양면적 존재이다. 하나는 선한 도덕심성을 선천적으로 갖추고 있는 도덕이성의 존재이다. 다른 하나는 기품氣稟의 제한을 받아 심성의 선성善性을 가릴 수 있는 존재이다. 선을 성취함에 있어 기품이란 일종의 제한이다. 기품의 제한을 극복해야만 비로소 선을 구체화할 수 있고, 악을 제거할 수 있다. 양명철학에

서 양지를 충분히 발휘하여 기질의 제한을 극복하고, 항상 여일如
一하게 실현할 수 있게 하는 유일한 방법은 치양지이다.

　내 마음이 물욕에 의해 가려지지 않았다면 양지는 스스로 자신
을 진동시켜 선을 자연스럽게 실현할 수 있기 때문에 치致와 불
치不致의 의미가 없다. 모든 일거수일투족이 양지에 의하여 주재
되기 때문이다. 그러나 인간의 의념과 행위는 항상 양지의 작용
에 의하여 주재되어 발현되는 것만은 아니다. 어떤 때는 물욕에
교폐되어 선을 좋아하고 악을 미워하는 작용을 발현하지 못하는
경우가 있다. 이때 비로소 치양지의 수양 공부가 필요하다. 이에
관하여 양명은 다음과 같이 말한다.

　인간의 본성은 선하지 않는 바가 없기 때문에 양지는 불량한 바가
　없다. 양지는 곧 미발未發의 중中이고, 또한 곧 확연대공廓然大公하고
　적연부동寂然不動한 본체이다. 이 본체는 모든 사람들에게 본래부터
　공통적으로 갖추어져 있다. 그러나 이 본체는 물욕에 의해서 가려
　질 가능성이 항상 있기 때문에 배움을 통해 이미 가려진 바를 제거
　해야만 한다. 그러나 양지의 본체는 가려졌다고 해도 혹은 자각하
　였다고 해도 털끝만큼이라도 더해진 바도 없고 손상되어 잃게 되
　는 바도 없다. _「전습록」「중」

물욕에 가려진 것은 양지가 아니라 인간 자신이다. 비록 사람이 욕망에 가려져 양지가 스스로 양지 자신을 발현할 수 없다고 할지라도 양지는 여전히 하나의 증감도 없이 내 마음에 간직되어 있다. 양지가 가려진 것은 양지 스스로 초래한 것이 아니라 바로 인간 자신이 초래한 것이다.

양명이 주장한 치양지의 '치致'는 '앞으로 밀어낸다'는 의미다. 맹자가 말한 진심盡心의 진盡과 같은 의미이고, 확충擴充과도 동일한 의미이다. 양지를 확충하여 충분히 실현하면 그것이 곧 도덕 행위의 완성이다. 치양지는 가치 완성의 시작과 마침이다. 공부의 착수도 치양지이고, 공부의 완성도 치양지이다. 양명은 "내가 평생 동안 학문을 강의한 내용은 단지 치양지 석 자일 뿐이다"(『양명전서』「권26」)라고 하였다. 도덕 실천의 주체는 양지이지만 양지를 실현하여 덕성의 가치를 완성하는 과정은 치양지이다. 양명철학에 있어 치양지를 떠나서 도덕가치 실현은 있을 수 없다.

양명철학에서 치양지의 시작은 맹자와 동일하게 자신의 심성을 되돌아보고서 그곳에서 자각하는 것이다. 현대 유가철학자 모종삼牟宗三(1909-1995)은 이러한 방법을 역각逆覺이라고 한다. 역각은 맹자가 말한 "탕왕과 무왕은 자신을 되돌아보고서 성찰하였다"는 탕무반지湯武反之의 '반지反之'에서 연유한 것이다. 맹자의

'잃어버린 마음을 추구한다(求放心)' 역시 역각의 공부 방법이다.

유가철학에서 비록 이상적인 도덕인격의 상징인 요임금과 순임금은 "본성에 따라 자연스럽게 도덕을 실천하였다(堯舜性之)"고 하지만, 이는 이상에 불과하다. 요순을 제외하고 어떤 사람이라도 물욕에 주재당하여 잠시 동안 양지를 상실하는 경우가 있을 수 있다. 이때 자신을 뒤돌아보고 성찰하여 마음속의 순선무악한 양지를 깨달아 행위를 주재해야만 한다. 요순과 같은 사람은 이상적인 도덕적 존재로서 세간에서 기대하기 어려운 사람이다. 어떤 사람의 근기根機의 상하를 결정하는 요소는 지혜의 총명과 우둔이 아니다. 가장 중요한 것은 기품의 청탁후박淸濁厚薄이다. 그러나 인간이 품수한 기품은 그 차이가 아주 미세하기 때문에 기품의 차이로써 도덕실천의 선천적인 차별을 결정할 수 없다.

양명『연보』의 기록에 의하면 양명은 용장에서 도를 깨달은(龍場悟道) 다음 해(38세) 귀양서원貴陽書院에서 지행합일설을 제창하였다. 그러나 당시의 학자들은 양명과 같은 깨달음이 없었고, 주자가 말한 선지후행에 물들어 있었기 때문에 양명이 제창한 지행합일설의 올바른 의미를 파악하지 못하고 이견만을 분분하게 제시하였다. 당시에는 주자학의 천하였고 또 양명이 말한 심즉리의 본체 의미를 올바르게 파악한 사람이 거의 없었기 때문에 양명 지행설에 대한 무지는 오히려 당연한 현상이었을 것이다.

양명이 주장한 지행합일에서 '지'는 시비선악에 대한 판단, 즉 도덕실천의 방향을 결정하는 것이다. '행'은 의념이 발동하여 구체적인 행위로 완성되는 전 과정이다. 이곳에서 우리는 지와 행의 합일을 두 측면에서 논해야 한다. 첫째, 지선지악과 호선오악이 동시에 발현한다는 의미의 합일이다. 지선지악은 '지'이고, 호선오악은 '행'이다. 이 양자 사이에 비록 논리적 선후는 존재할 수 있지만 시간적 선후는 없다. 둘째, '지'와 '행'의 완성이다. 이 양자 사이에는 분명 논리적 선후뿐만 아니라 시간적 선후도 존재한다. 그러나 이 과정은 동일한 본체인 양지의 자아 전개 과정일 뿐이다.

『전습록』에 의하면, 양명의 지행합일설에 대하여 처음 의문을 제기한 사람은 양명의 사위인 서애徐愛였다.

서애가 물었다. "지금 사람들은 단지 부친께 마땅히 효도를 해야 함을 알고 형에게는 아우 노릇을 해야 함을 알지만 실제로는 효도를 다하지 못하거나 아우 노릇을 잘못하기가 일쑤입니다. 이에 비춰보면 지와 행은 분명히 두 가지 서로 다른 일입니다." 이에 양명이 다음과 같이 대답하였다. "이는 이미 사욕에 의해서 지와 행이 단절되었기 때문에 지행의 본체가 아니다. 알면서도 행하지 않는 사람은 없다. 알면서 행하지 못하면 이것은 바로 알지 못한 것(未知)과 같은 것이다."_『전습록』「상」

서애는 부모에게 마땅히 효를 해야 함을 아는 '지'와 효도의 마음을 실제적으로 실천하는 '행'은 서로 다른 두 가지 일이라고 생각하였기 때문에 양자 사이에 필연적인 연결 관계가 없을 뿐만 아니라 시간적인 선후 관계도 존재한다고 주장하였다. 서애의 생각은 일반 상식적인 견해일 뿐 양명이 말한 지행의 의미가 아니다. 양명이 제시한 지행의 본체는 바로 내 마음의 양지를 가리킨다. 이 양지는 맹자가 말한 양지와 양능의 작용을 겸비한 도덕 실체이기 때문에 대상에 감응하여 시비선악을 결정함과 동시에 그 대상을 향한 구체적인 의념을 발현한다. 그것이 바로 호선오악이며 행의 시작이다. 예를 들어 부모라는 대상에 감응하여 마땅히 효를 해야 함을 자각하였을 때 부모를 그리워하는 마음이 든다. 이것이 바로 부모에 대한 효의 의념이고, 호선好善의 의념이다. 이 부모에 대한 효의 의념이 바로 행의 시초인 것이다.

그러나 부모에 대하여 마땅히 효를 해야 함을 알았다고 하지만, 그 자각이 부모를 그리워하는 마음을 수반하지 못한다면 이는 효에 대한 진실한 앎이 아니다. 이것이 바로 양명이 말한 "사욕에 의하여 지와 행이 단절되었다"는 말의 의미이다. 사욕에 의하여 단절이 되면 양지의 판단과 결정은 실천으로 확충될 수 없다.

양지는 자신의 활동 방향을 결정함과 동시에 일정한 도덕정감을 수반한다. 이 말은 바꾸어 말하면 도덕 시비선악의 결정은 반드시 구체적인 정감을 통하여 표현된다는 의미와 동일하다. 지선지악의 판단은 반드시 호선오악의 의지 활동으로 표현되므로 양자 간에는 시간상의 선후가 없다. 지선지악의 실질 내용이 바로 호선오악이다. 지선지악의 지는 지행의 지이고, 호선오악은 지행의 행이다. 지선지악하였으나 호선오악의 정감이 발현되지 않으면 지선지악은 실질 내용이 없는 지선지악이라고 할 수 있다. 실질 내용이 없는 지는 공적空寂한 지로서 양지의 완전한 작용이라고 할 수 없다. 그러므로 양명은 "알지 못한 것이다(未知)"라고 한 것이다.

양명은 『대학』의 구절을 인용하여 자신이 말한 지행합일의 진의를 설명하였다.

그러므로 『대학』에서는 진실한 지와 행을 지적하여 사람들에게 보여 주면서 지행은 "아름다운 색을 좋아하고, 악취를 싫어하는 것과 같은 것이다"고 하였다. 아름다운 색을 보는 것은 지에 속하고, 아름다운 색을 좋아하는 것은 행에 속한다. 바로 그 아름다운 색을 보았을 때 이미 스스로 자연스럽게 이것을 좋아하게 된 것이지, 아름다운 색을 보고 난 후에 또다시 다른 마음으로 그 색을 좋아하는 것은 아니다. 악취를 맡는 것은 지에 속하고, 악취를 싫어하는 것은 행에 속한다. 그 악취를 맡았을 때 이미 스스로 자연히 그 냄새를 싫어한 것이지, 그 악취를 맡고 난 후에 또다시 다른 마음으로 그 악취를 싫어한 것이 아닌데 어떻게 지와 행을 분류할 수가 있겠는가. 이것이 바로 지행의 본체이다. 즉 사욕에 의한 단절이 없는 것이다. 성인은 "사람들에게 반드시 이와 같아야만 비로소 진정한 앎이고, 만약 그렇치 않다면 알았던 것이라고 말할 수 없는 것이다"고 가르쳤다. 이것이야말로 얼마나 중요하고 실질적인 공부가 되겠는가? 그런데도 지금 억지로 지와 행을 둘로 나누어야 한다고 말하려고 하는데 이는 무슨 뜻인가? 나는 지행을 하나로 해야 한다고 말하는데 이는 또 무슨 뜻인가? 만약 지행학설을 세운 종지를 모르고서 단지 '지행이 하나이다' 혹은 '지행은 둘이다'라고 말하기만 하면 이 또한 무슨 소용이 있겠는가? _『전습록』「상」

양명은 이곳에서 생리 반응을 비유로 삼아 지와 행이 동시에 발생함을 설명하고 있다. 비록 인간의 생리적인 반응은 필연성과 보편성을 갖고 있지 않지만 단지 비유에 불과하므로 오해가 있어서는 안 될 것이다.

아름다운 색을 보고서 아름답다고 판단하거나 악취를 맡고서 역겹다는 판단을 함과 동시에 아름다운 색을 좋아하고 악취를 싫어하는 마음이 든다. 이때 아름답다거나 역겹다는 판단이 바로 지행의 지이고, 아름다운 색을 좋아하거나 악취를 싫어하는 마음이 바로 지행의 행이다. 아름다운 색을 좋아하고 악취를 싫어하는 것은 일종의 긍정과 부정의 표현이다. 의지의 받아들임과 거부이다. 양지의 자각 판단과 의지의 받아들임과 거부는 동시에 나타난다. 우리는 아름다운 색과 추한 색을 보자마자 좋아함과 싫어함의 심리 반응을 표출한다. '아름답다'와 '추하다'는 판단과 동시에 의지의 받아들임과 거부 반응이 있게 된다. 구체적인 받아들임과 거부 반응이 없으면 이것은 '아름답다'와 '추하다'는 판단이 진실하지 못하였음을 의미한다. 의지의 받아들임과 거부 활동은 양지의 자각 판단과 독립되어 작용하지 않는다. 그러므로 양명은 "바로 그 아름다운 색을 보았을 때 이미 스스로 자연스럽게 이것을 좋아하게 된 것이지, 아름다운 색을 보고 난 후에 또다시 다른 마음으로 그 색을 좋아하는 것은 아니다"라고 말한 것이다.

양명은 지와 행에 관하여 또 다음과 같이 설명하였다.

지는 행의 주의主義이고, 행은 지의 공부工夫이다. 지는 행의 시작이
고, 행은 지의 완성이다. 만약 이러한 이치를 깨달았을 때 단지 하
나의 지를 말하더라도 그 속에는 이미 행이 내재되어 있고, 단지 하
나의 행을 말하더라도 그 속에는 이미 지가 내재되어 있다. … 만약
이러한 뜻을 알고 있다면 (지와 행을) 둘로 분류하여 말하여도 무방
하고, 또 하나로 말하여도 무방하다. 이 점을 이해하지 못한다면 지
행을 하나로 한들 무슨 소용이 있겠는가? 단지 쓸데없는 소리에 불
과할 뿐이다. _『전습록』「상」

지는 양지의 가치판단 작용이고, 행은 양지의 실천 작용이다.
양지가 가치 판단을 하였다는 것은 양지의 활동 방향을 결정하
였다는 의미이다. 그러므로 "지는 행의 주의이다"라고 말한 것이
다. 양지가 '마땅히 무엇을 해야 한다' 혹은 '마땅히 무엇을 하지
말아야 한다'를 결정함과 동시에 긍정(好)과 부정(惡)의 받아들임
과 거부의 활동을 개시한다. 이것은 이미 실천의 단계로 진입하
는 것이기 때문에 "행은 지의 공부이다".

『전습록』「하」에는 치양지의 구체적인 방법과 지행합일의 전 과정이 상세하게 수록되어 있다.

그러나 절대적으로 선한 것은 심의 본체이다. 이러한 심의 본체에 어떻게 선하지 않음이 있을 수 있겠는가? 지금 심을 바르게 하려고 해도 본체의 어느 곳에서 공부를 실행하겠는가? 반드시 심이 발동 하는 곳에서 공부를 할 수밖에 없다. 심의 발동에는 선하지 않음이 없을 수 없으므로 반드시 이곳에서 공부를 해야 하는데, 이것이 바로 의념을 순화하는 성의 공부이다. 만약에 하나의 의념이 선을 좋아하는 곳에서 발동된다면, 실제로 직접 선을 행하게 하고, 만약 하나의 의념이 악을 미워하는 곳에서 발동된다면 실제로 직접 악을 미워하게 하는 것이다. 의념의 발동이 순화되지 않는 바가 없다면 그 심체心體에 어떻게 바르지 않은 것이 있을 수 있겠는가? 그러므로 심을 바르게 하는 것은 의념을 순화하는 것에 달려 있다. 공부가 성의에 이르러 비로소 실제 행위에 안착하게 된다. 그러나 성의의 근본은 또 치지에 있다. 이른바 다른 사람은 알 수 없고 오로지 나만 홀로 아는 것이 바로 내 마음의 양지이다. 그러나 선을 알면서도 이 양지의 결정에 따라 선을 실행하지 않고, 선하지 않음을 알면서도 이 양지의 결정에 따라 악을 제거하지 못한다면, 이것은 양지가 사욕에 가려져서 그 양지 자신을 확충하지 못한 것이다. 내 마음의 양지가 철저하게 확충되지 못하여 비록 선의 좋음은 알지만 이를 실제로 실행하지 못하고, 비록 악의 좋지 않음을 알지만 실제로 이를 싫어하는 마음을 표현하지 못하면 어떻게 의념이 순화될 수 있겠는가? 그러므로 치지는 성의의 근본이다. 그러나 허공에 의지해서 양지를 확충할 수 없다. 치양지는 반드시 실제의 일과 행위상에서 이루어진다. 만약 의념이 선을 하는 곳에 있다면 곧바로 그 일에서 선을 실천해야 하고, 만약 의념이 악을 제거하는 곳에 있다면 곧바로 그 일에서 악을 하지 말아야 한다. 악을 제거하는 것은 부정한 것을 격格하여 바름(正)으로 돌아가게 하는 것이다, 선을 행하면 선하지 않는 것이 선하게 되고, 역시 바르지 않는 것이 바로잡혀 올바르게 된다. 이렇게 되면 내 마음의 양지는 사욕에 교폐되지 않아 지극한 경지에 이르게 되며, 또한 의념의 발동은 선을 좋아하고 악을 싫어하여 순화되지 않는 바가 없게 된다. 성의 공부를 실제로 하는 곳은 바로 사물을 바르게 하는 격물에 있다. 이와 같은 격물은 사람이면 누구나 할 수 있는 것이다. 사람이 모두 요순이 될 수 있다는 것이 바로 이와 같은 의미이다.

양명은 이곳에서 심心·의意·지知·물物을 언급하면서 지행합일의 구체적 과정을 해설하고 있다. 양명이 말한 심은 심즉리의 도덕심이다. 이 심은 선과 악의 상대적 대립을 초월한 절대적으로 선한 본체이기 때문에 심 자체에서는 선악 혹은 올바름과 올바르지 못함을 논할 수 없다.

양명에 의하면 '의는 심이 발현한 바이고(心之所發)', '물은 의념의 소재(意之所在)'이며, '지는 내 마음의 양지이다'. 만일 양지(심)가 외물에 교폐되지 않고 발현되었다면 '의' 역시 순선한 의념일 것이다. 이때에는 성의의 공부가 따로 요청되지 않는다. 그러나 심心(양지)의 발동에는 교폐가 있을 수 있다. 때문에 심의 발동인 의념에 선과 악이 있을 수 있는 것이다. 공부는 바로 이곳에서 해야 하는 것이다. 때문에 양명은 "공부는 성의에 이르러서야 비로소 안착처를 갖게 된다"고 한 것이다. 정심正心은 절대적으로 선한 심을 올바르게 한다는 것이 아니라 심의 소발所發인 의념을 올바르게 잡는다는 의미이다. 이것과 『대학』에서 말한 "마음을 올바르게 하려면 먼저 그 의념을 순화해야 한다(欲正其心者, 先誠其意)"는 말은 동일한 의미이다.

다음은 치지와 성의의 관계이다. 양명에 의하면, 공부는 성의에 이르러 비로소 실제적으로 시작한다. 그러나 시작점은 성의이지만 의념의 진실함(誠)과 진실하지 못함(不誠)은 오로지 내 마음의 양지만이 판별할 수 있다. 양지는 의념이 발동할 때 그 의념의 진실함과 진실하지 못함을 당장에서 구별할 수 있기 때문에 성의의 구체적 실행은 바로 양지를 확충하는 치지이다. 『대학』에서도 "의념을 순화(誠)하려면 먼저 지를 확충해야 한다(欲誠其意者, 先致其知)"고 하였는데 양명의 뜻과 일치한다.

마지막은 치지와 격물의 관계이다. 이곳에서 양명이 말하는 '물'은 부모와 형 혹은 군주 등의 행위 대상을 지칭하는 것이 아니라 부모를 섬기는 사친事親, 형을 공경하는 제형弟兄, 임금을 섬기는 사군事君 등의 도덕행위를 가리킨다. 양지의 확충은 실제적인 일에서 전개되어야 한다. 예를 들어 부모를 섬기는 사친이라는 실제적인 행위를 떠나서 효친의 양지는 확충될 수 없다. 양지의 확충은 사친과 사군 등의 구체적인 행위로 확충되어 올바른 사친을 하고, 올바른 사군을 완성한다. 이것이 격물이다. 양명에 의하면, 성의와 정심 그리고 치지와 격물은 한 심체의 자기실현 과정을 개념적으로 분석하여 설명한 여러 단계에 불과하다. 때문에 양명은 "신身·심心·의意·지知·물物이라는 것은 단지 하나의 물物이고, 또한 격格·치致·성誠·정正·수修라는 것은 단지 한 가지 사事일 뿐이다"(『양명전서』「권26」)라고 한 것이다. 양명이 이곳에서 강조한 '단지 하나의 물과 한 가지 일'은 양지 활동의 통일성과 계통성을 나타내는 것이다. 즉 양지 자신의 실현 과정에 대한 연속성과 통일성을 강조한 것이다.

5
지행합일에 대한 주자와 양명의 다른 해석

양명철학에서 지행의 주체는 양지이다. 앎과 실천의 전 과정은 이 양지에 의하여 판단되고 주재된다. 그 과정이 바로 치양지이다. 시비선악에 대한 양지의 판단(知是知非 및 知善知惡)이 지이고, 판단과 함께 동시에 드러나는 호선오악의 의지가 바로 행의 시초이다. 이 의지가 발동하여 사사물물에 감응하고 선을 드러내고 악을 제거함으로써(著善去惡) 사사물물로 하여금 마땅히 존재해야 할 위치에 있게 해 줌(正物)과 동시에 사물과 일체를 이룬다. 이것이 행의 완성이다.

양명 지행론에서 가장 많은 사람이 오해하는 것은 바로 앎이라는 판단과 구체적인 실천이 동시에 일어난다고 생각하는 것이다. 그러나 앞에서도 말했듯이 양명 지행합일론이 다른 유학자

의 지행합일과 다른 점은 지선지악의 지知와 호선오악의 의지意志
가 동시에 발현된다는 의미의 합일이다. 즉 합일의 의미를 의지
의 발동처에서 말한 것이다.

양지는 '마땅히 무엇을 해야 한다(善)' 혹은 '마땅히 무엇을 하지
말아야 한다(惡)'를 결정함과 동시에 선에 대한 긍정(희열-好)과 악
에 대한 부정(혐오-惡)의 받아들임과 거부의 활동을 진행한다. 유
가철학의 지행론에서는 이 시기부터 행의 영역으로 인식한다.
주자의 지행론에 의하면, 이 시기의 단계가 성의이다. 성의 역시
행의 시작이다. 그러나 양명과 주자의 지행론에서 모두 이 시기
의 행은 단지 의지 혹 의념의 순일 단계이기 때문에 정확하게 말
하면 '내부 의념의 행'이라고 해야 한다. 양명은 이 내부 의념의
단계에서 지와 행이 동시에 발현한다는 것을 취하여 지행합일을
주장한 것이다. 반면 주자에서는 격물치지의 지와 성의의 행 사
이에 논리적 선후와 함께 시간적 선후가 존재하기 때문에 지와
행이 동시에 발생한다고 주장하기 어려운 것이다. 주자학풍이
만연한 시대에서 주자와 다른 지행합일론에 대한 곡해는 당연한
현상이었을 것이다.

만일 지선지악의 판단(지)과 완성 의미의 행이 합일한다는 것,
그리고 지선지악의 지와 구체적인 도덕실천 사이에 시간적 선후

244

가 있다는 측면에서 말하자면, 주자와 양명 사이에 아무런 차이가 없다. 다시 말하면 양지의 지선지악과 호선오악 정감이 동시에 드러나지만, 그것이 대상에 감응하여 밖으로 확충되면 구체적인 시청언동視聽言動의 행위로 표현된다. 시청언동의 행과 지 사이에는 당연히 시간적인 선후차서가 존재한다. 물론 이 단계에서도 합일을 말할 수 있지만, 단지 양지에 의한 지와 행은 서로 단절되지 않고 연속적인 유행이라는 의미만을 부여할 수 있을 뿐이다.

양명과 주자의 지행론 사이에는 크게 세 가지 다른 점이 있다.

첫째, 주자의 지행론이 심과 성이라는 이질적 존재의 결합으로 진행되는 반면 양명의 지행론에서는 지와 행이 양지 일자의 자아실현의 연속 과정이다.

둘째, 주자의 지행론에서 지행의 주체인 심과 성이 주객대립의 형국을 이루고 있는 반면 양명의 지행론에서는 지각자(能知)와 지각대상(所知)의 대립이 없다. 다시 말하면 양지가 스스로 자각 성찰하여 자신의 방향을 선으로 결정하기 때문에 주객대립의 관계를 형성하지 않는다. 이때의 지에 대해서는 지각이라는 표현보다 자각이라는 표현이 더욱 적절하다.

셋째, 양지의 판단인 지와 의념의 순화인 성의 사이에 단절이 없다. 주자의 지행론은 격물치지와 성의 사이에 단절이 있다. 즉 이질적 존재인 심과 성의 결합이 있다. 그러나 양명의 지행론에서는 지와 행의 주체와 표준이 모두 양지이기 때문에 치지의 주체도 양지이고, 성의의 주체 역시 양지이다.

양명 지행론이 주객의 대립 없이 하나의 양지에 의하여 진행되기 때문에 치지(致良知)와 성의의 단절이 없음은 주자의 지행론에서 볼 수 없는 장점이다. 격물치지를 통하지 않고 양지의 자각 성찰을 통하여 지知를 추구함은 양명 지행론의 이간易簡함을 나타내 주고, 치지와 성의 사이에 단절이 없음은 양명 지행론의 직절直切함을 나타내 준다. 이는 『역』의 원리로써 지행을 해설한 상산과 일치한다.

그러나 상산과 양명을 비롯하여 심학계통의 지행론에서는 다음 몇 가지 의론을 일으킬 소지가 충분히 있음도 긍정해야 한다.

첫째, 지행의 주관성 시비를 불러일으킬 여지가 충분하다. 양명에 의하면 심 혹은 양지는 도덕법칙에 대한 입법작용(결정자)을 갖춘 선의지이기 때문에 언제 어디서나 양지의 본래면목만 온전하게 유지하고 있으면 선을 드러낸다. 문제는 행위자마다 어떤 특수한 원인으로 말미암아 동일 사건에 대한 선의 양상이 얼마든지 다르게 드러날 수 있다는 점이다. 예를 들어 보자. 혹자는 사형 제도를 찬성할 수 있고, 혹자는 사형 제도를 반대할 수도 있다. 사형 제도를 찬성하는 사람은 살인이라는 행위를 좋아하는 것일까? 사형 제도를 반대하는 사람은 모두 박애주의자인가? 반드시 그렇지는 않을 것이다. 자신의 순수한 도덕적 선의지에 근거한다고 할지라도 찬성과 반대로 양분될 수 있는 여지는 얼마든지 있다. 이처럼 선의 양상이 극단적 차별화로 나타난다면 합리성과 객관성에 대한 회의를 수반할 수밖에 없다.

둘째, 모든 것을 양지의 판단과 주재에 귀속시켰을 때 지의 완전성과 행의 순일성을 무엇으로 검증할 수 있는가? 다시 말하면 양지 스스로 지의 완전성과 행의 순일성을 판단하기 때문에 지선지악과 호선오악할 수 있는 양지의 작용을 온전히 보존하고 있는 상태가 아니라면 지행의 완전성과 순일성을 판단할 수 없다.

셋째, 지행에는 도덕에 관한 양지의 지식뿐만 아니라 구체적인 경험과학 지식이 필요하다. 그러나 치양지의 형태로써는 경험과학 지식을 추구하기 어렵다. 왜냐하면 경험과학 지식은 주체와 객체의 대립 관계에서 얻어지기 때문이다. 물론 『전습록』에서 양명이 경험과학 지식의 필요성을 언급한 내용이 있지만, 그것이 양명 지행론에서 구체적인 위상을 차지하고 있지는 않다.

양명 지행론의 난점들은 주자철학에서 오히려 장점으로 부각

될 수 있다.

첫째, 주자 지행론에서 비록 활연관통이라는 신비적인 과정이 있지만 모든 것을 양지의 판단에 일임하는 양명의 지행론보다는 객관성을 확보할 수 있다. 격물치지의 과정이 바로 지행의 객관성 확보 과정이다. 격물치지의 공부가 소이연지리와 소당연지칙을 궁구하는 과정이지만 사실 이 과정은 지행의 시행착오 과정이라고 할 수 있다. 이에 대하여 주자는 다음과 같이 설명한다.

만일 어떤 한 가지 일에서 단지 10분의 3만을 알았다면 이 10분에 대한 3의 앎은 진실하고, 그 10분의 7에 대한 앎은 허위이다. 선의 실천은 10분의 10을 알았을 때 좋아할 수 있다. 만일 10분의 9를 알고서 10분의 1을 알지 못했으면 이 10분의 1에 대한 미진함은 미혹의 근원이 된다. 얼마 되지 않아 악을 행해도 막지 못하기 때문에 의념이 순화되지 않는다. 때문에 치지를 귀하게 여기는 것이다. 지극한 곳에 이르러야만 치致라고 말할 수 있다. _『주자어류』「권15」

우리는 일상생활에서 완전한 하나의 이치를 궁구하여 이를 근거로 도덕가치를 실현하는 경우는 드물다. 오늘 격물하고 치지하며, 또 내일 격물하고 치지함으로써 도덕원리와 도덕규범에 대한 양적인 확대와 질적인 순일을 진행해 간다. 비록 오늘 지와 행을 표현하였지만 내일 격물하고 치지함으로써 어제의 지와 행이 미진하였음을 인지한다. 이러한 과정을 반복함으로써 물격物格과 지지知至의 활연관통의 경지에 이를 수 있다.

필자 역시 활연관통을 신비적인 과정이라고 하였지만 사실 활연관통을 신비적인 깨우침으로 해석하면 주자의 점교 학문의 특색이 드러나지 않는다. 격물치지로부터 활연관통의 경지로 승화하는 것이 마치 질적인 초승超升처럼 보이지만 이질적인 도약은 아니다. 주자의 지행론에서 지행의 순일성에 대한 차이는 있지만 격물치지의 과정에서 얻어진 지식은 동일 성질의 리이다. 어린아이가 언어를 배우는 과정을 예로 들어 설명해 보자. 처음 어린아이는 몇 개의 명사와 동사만으로 자신의 의사를 전달한다. 그러다가 명사와 동사를 조합하기도 하고, 혹은 거꾸로 조합하여 표현하기도 하지만 모두 언어이다. 단지 완전과 불완전의 차이만이 있을 뿐이다. 이러한 시행착오의 과정을 반복하다가 드디어 어느 날 언어에 대한 물리가 트여 주어와 목적어 및 동사를 자유자재로 사용하여 자신의 의사를 표현한다. 이 단계를 활연관통의 경지라고 할 수 있다. 이처럼 부단한 시행착오의 과정을 진행하여 하나의 완전한 판단이 이루어지기 때문에 그 판단은 자신뿐만 아니라 이성을 소유한 대부분의 사람들에게 유효하게 적용될 수 있다. 즉 객관성을 확보할 수 있다. 아마 이 단계가 칸트 철학에서 '주관적인 의지의 격률이 항상 그리고 동시에 보편적 입법의 원리에 타당한 경지'일 것이다.

둘째, 양명은 모든 지행을 양지의 판단과 주재에 귀속시켜 설명한다. 양지 작용의 영명성과 순일성에 대해서는 의심할 수 없지만 우리의 일상생활은 양지의 판단과 주재를 벗어나는 경우가 너무나 많다. 이때 자신 행위의 비합리성을 지각하여 교정하는 공부 역시 양지에 의지할 수밖에 없다. 모든 공부는 치양지로 귀속되고, 치양지로부터 나온다. 그러나 주자의 지행론에서는 격물치지와 성의 외에 거경함양의 공부가 있다. 이 거경함양의 공부는 일상생활에서 흔히 나타날 수 있는 물욕에 대한 심의 혼폐를 방지하는 역할을 한다. 비록 주자 역시 양명의 양지처럼 심의 무소부지無所不知와 무소불능無所不能의 작용을 긍정하였지만 이 심의 판단과 주재는 언제든지 외적인 물욕에 혼폐될 수 있기 때문에 주자는 격물치지와 아울러 거경함양을 병진함으로써 심으로 하여금 항상 밝음의 상태를 유지시켜 어디에도 치우치지 않는 판단을 내리게 한다. 비록 거경함양의 공부가 모든 지행의 완전성을 보장할 수는 없지만 적어도 심의 오판을 견제하는 작용을 하는 것은 사실이다. 양명 역시 거경을 강조하지만 양명 철학에서 거경은 맹자의 존양存養 의미이기 때문에 거경의 주체 역시 양지이다. 따라서 양명철학에서 거경은 치양지 과정의 하나인 것이다. 그러나 주자철학에서 거경은 격물치지와 독립된 하나의 공부이기 때문에 심으로 하여금 지행의 미진함을 경각시켜 지의 명료성과 행의 순일성을 부단히 추구하게 할 수 있다.

셋째, 지행의 구체적인 실현에는 소이연지리와 소당연지칙의 도덕지식뿐만 아니라 구체적인 경험과학 지식이 필요하다. 비록 유가철학에서 도덕지식德性之知에 치중한 나머지 경험지식見聞之知의 성격과 추구 방법에 대해서 적극적인 연구를 진행하지는 않았지만 지행의 실현에서 경험과학지식이 필수적인 요소임은 분명하다. 경험과학 지식을 수반하지 않는 도덕판단은 공허한 도덕명령에 불과하다. 양명은 양지로써 지행의 전 과정을 진행하기 때문에 주체와 객체의 대립이 없다. 이러한 주객무대립의 구도로써는 사실계에 관한 지식을 추구할 수 없다. 때문에 견문지지를 추구할 또 다른 이론을 제시해야 한다.

사실 이상적인 상태와 경지에서는 주자와 양명 지행론의 차이가 드러나지 않는다. 먼저 주자의 입장에서 논해 보자. 행위의 주체가 거경함양으로써 담연湛然한 상태를 유지하고, 이를 전제로 격물치지하여 활연관통의 경지(眞知)에 이르면 의지는 자연스럽게 순화되어 즐거운 행위(樂行)를 수반하기 때문에 선행은 자연스러운 결과이다. 양명의 치양지론도 마찬가지이다. 지선지악과 호선오악의 기능을 지닌 양지를 온전히 보존하고 있는 행위주체는 대상에 직면하여 당장當場에서 합리적인 판단과 중절中節한 행위를 표현할 것이다. 따라서 악행이 발생할 가능성이 전무한 조건에서 지행론의 차별성은 의미가 없다. 이 문제는 이상적인 조건과 경지가 아닌 현상의 세계에서 나타날 수 있는 가능성에 초점을 두고 논의해야 한다.

앞 절에서 밝힌 바와 같이 주자 지행론의 최대 난점은 치지와 성의의 연결 관계에 있다. 비록 주자가 참된 앎(眞知)은 즐거운 실천(樂行)을 수반한다고 하였지만 심 외의 표준(性理)으로써 심을 순화하는 과정이 이질적이어서 자연스럽지 못하다. 그렇지만 격물치지의 공부는 판단의 주관성을 극복하여 합리성을 확보할 수 있는 방법이고, 거경함양은 수시로 함닉陷溺될 수 있는 심의 밝은 상태를 보전하여 치지와 성의의 완전성을 확보할 수 있는 조건으로 역할을 할 수 있다. 또 격물치지는 규범 혹은 원리를 추구하는 방법론임과 동시에 도덕실천과 관련된 경험지식을 추구할 수 있는 방법으로 전용될 수 있다.

주자 지행론에서 발생되는 난점과 장점을 역으로 생각하면 두 사람의 지행론이 서로 보완 관계에 있음을 나타낸다. 주자 지행론의 난점인 치지와 성의 관계의 부자연스러움은 리에 대한 심의 자발적 선호를 일부분 긍정하여 극복할 수 있고, 치양지의 주관성 문제는 격물치지의 점교 공부론을 병용하여 합리성과 객관성을 확보할 수 있을 것이다.

주자와 양명 지행론이 서로 보완해야 할 당위성은 역사적 사실로도 드러났다. 주자 이후 주자 후학들은 즐거운 실천을 수반하기 위한 참된 앎 추구에 지나치게 초점을 둔 나머지 역행力行보다는 궁리에 치중하여 '앎은 가볍고 실천이 무겁다'는 지경행중知輕行重의 본의를 상실하였고, 양명 후학의 일파인 태주학파泰州學派는 양지를 주관적인 정욕의 마음(情識)으로 오인하여 유즙산劉蕺山(1578-1645)으로부터 미치광이(猖狂者)라는 지탄을 받기도 하였다.

7

조선 성리학자들의
양명학에 대한 비판과 오해

일반적으로 양명학은 1521년 전후에 조선에 전래되었을 것이라고 추측한다. 당시 조선 성리학은 주자학 중심으로 편성되었기 때문에 양명학에 대하여 결코 우호적인 태도를 보이지 않았다. 그중에서도 퇴계를 비롯한 그의 문하들이 양명학 본래의 학문적 가치를 이해하지 못하고 가장 격렬하게 비판하였다. 춘추전국 시대의 제자백가 그리고 유가와 도가 및 불교 간의 논쟁은 그들의 의식구조 근저에 자리 잡고 세계관과 가치관이 근본적으로 달랐기 때문에 상호 간의 비평은 당연하면서도 예측 가능한 결과였다.

　그러나 남송시대 주자와 상산, 명대의 주자학자와 양명, 조선시대의 성리학자와 양명학자들은 모두 만물의 본래적 가치를 긍정하는 세계관을 가졌고, 인의예지를 내용으로 하는 도덕심성을 실현하여 자신의 인격뿐만 아니라 타인 그리고 만물의 본래적 가치마저도 완성하려는(成己成物) 적극적인 의식구조를 갖고 있었다. 또 이들은 모두 공자와 맹자철학을 학술의 근본 종지로 삼았다. 그럼에도 불구하고 상호 간의 비평은 유가와 불가, 유가와 도가의 대립보다도 훨씬 심각하고 극단적으로 진행되었다.

주자는 상산의 학문을 '너무 간단하다(太簡)'하다고 폄하하였고, 상산은 한발 더 나아가 주자학을 '성인의 학술과 본질적으로 관련이 없는 지리支離¹³한 학문이다'고 깎아내렸다. 양명 역시 주자의 학문을 패도라고 규정하면서 양주·묵자의 이단과 병렬시켰다. 조선 성리학자들은 한술 더 떠 양명의 학술사상은 물론이고, 양명의 인품까지도 소인 이하의 경지로 끌어내리기를 주저하지 않았다.

왜 그랬을까? 원인은 한두 가지가 아닐 것이다. 근본적인 원인은 상대방 학문에 대한 이해 부족이다. 주자와 상산 간의 상호 오해, 그리고 주자학에 대한 양명의 비평이 바로 이런 유형이다. 그러나 양명학에 대한 조선 성리학자들의 비판은 내적인 학술사상에 대한 이해 부족과 함께 정치사회적 배경이 더 본질적인 작용을 했다고 보는 것이 정확하다.

필자는 이곳에서 먼저 조선 성리학자의 육왕학에 대한 일반적

---

13 이 장은 필자의 선행연구(「조선 성리학자들의 양명학 비판 논거에 대한 비판적 고찰」, 『퇴계학보』 120호, 2006)를 근거로 재정리한 것임. 상산이 말한 지리(支離)라는 평가에는 방법론상의 '번잡하다'는 의미도 포함되어 있다. 즉 격물궁리(치지)가 자신의 발명본심(發明本心)처럼 간명(簡明)하고 직절(直切)하지 않다는 것이다. 그러나 상산이 말한 지리라는 평가 속에는 주자의 '격물궁리는 성인의 학술과 본질적으로 관련이 없다'는 의미가 포함되어 있다.

인 평가를 소개하고, 다음 양명학 비판의 주요 논거로서 심즉리와 양지 그리고 지행합일과 '친민설·신민설'에 대한 조선 성리학자 이해의 적부適否를 논하겠다.

1
조선 성리학자의 육왕학에 대한 일반적인 평가

육왕학이 조선에 언제 전래되었는가에 관해서는 아직 정설이 없다. 여러 학자들이 심학心學의 전래 시기와 양명학 전래 시기를 고증하였지만, 아직 그것이 정설이라고 단정할 만한 것은 없다. 혹자는 심학과 양명학의 전래 시기를 다르게 보기도 한다. 필자가 보기에 양명학 전래 시기에 대한 고증에 대해서는 전주대학교 한문교육과 오종일 교수의 학설이 가장 상세하고 신뢰할 만하다고 생각한다.

오종일 교수는 「양명 전습록 전래고」[14]라는 논문에서 양명학 전

14　오종일, 「陽明傳習錄傳來考」, 『철학연구』 제4집, 고려대학교 철학연구소, 1978.

래에 관하여 다음과 같은 결론을 내린다. "양명학은 1521년 이전 『전습록』 초간본 간행과 함께 전래되었다. 또 당시에는 양명학을 이단시하거나 배척하지 않았으며, 조선에 자연스럽게 수용되어 적어도 퇴계 만년까지는 성행되었다. 뿐만 아니라 양명학은 주자학 추종자들에게도 어느 정도의 영향을 주었으며, 특히 퇴계가 『심경心經』을 수용한 것과도 무관하지 않다."

조선시대 성리학자들의 심학에 대한 가장 일반적인 평은 명대 주자학자와 마찬가지로 선학禪學으로 보는 것이다. 또 주자는 상산의 심학을 "태어나면서부터 갖추고 있는 각종의 생리적 본능을 성으로 규정하는 생지위성生之謂性"의 성론을 견지하는 고자告子의 학문으로 취급하였는데, 조선 성리학자 역시 주자와 같은 태도를 보인다. 왜 심학을 불교의 선학으로 보는가? 이는 선학의 "마음에서 마음의 본래 모습(성)을 보고, 마음의 본래 모습을 보았다면 곧 성불한 것이다"는 심성관이 심학의 심즉리와 외형상 서로 유사하기 때문이다.

왜 또 고자의 학문으로 보는가? 주자는 심을 기의 령靈 혹은 정상精爽으로 보는데, 상산과 양명은 기에 속한 심을 리로 인식하기 때문에 고자의 생지위성과 본질적으로 동일하다는 것이다. 간혹 양주·묵자의 학문과 동일하다고 평가하는 성리학자도 있지만,

260

이러한 평은 심학의 이단성을 강조하기 위한 것일 뿐 별다른 내용은 없다.

육왕학과 선종은 세계관과 가치관 그리고 인성관이 분명히 이질적이지만, 주자학의 관점에서 보면 양명학의 외형적인 체계가 선학과 유사한 부분이 있기 때문에 조선 성리학자들의 눈에는 양명학이 선학으로 비춰질 수도 있었을 것이다. 이 점은 주자도 예외가 아니었다. 양명학을 불교의 선학으로 이해하는 것은 반양명학자 거의 모두에 해당되는 주장이다. 김세필金世弼(1473-1533)과 박상朴祥(1474-1530)이 먼저 육왕학을 선학이라고 규정하였고, 퇴계도 수차례 육왕학을 선학으로 규정하였으며, 유성룡柳成龍(1542-1607)·윤근수尹根壽(1537-1616)·홍여하洪汝河(1620-1674)·박세채朴世采(1631-1695)·이민서李敏敍(1633-1688)·이만부李萬敷(1644-1732)·이익李瀷(1681-1763)·한원진韓元震(1682-1751)·안정복安鼎福(1712-1791)·정약용丁若鏞(1762-1836)·이정직李定稷까지 모두 양명학을 선학으로 규정하였다. 이들이 양명학을 선학으로 규정한 근거는 다음 몇 가지로 종합할 수 있다.

첫째, 심즉리를 긍정한다.

둘째, 리를 근본으로 삼지 않고, 심을 근본으로 삼는다.

셋째, 격물궁리를 중시하지 않고 돈오의 방법을 근본으로 삼는다.

넷째, 형이하자인 기氣를 리로 인식한다.

심즉리를 부정하고, 격물궁리를 공부의 핵심 방법으로 내세우는 주자학의 입장에서 보면, 양명의 주장들은 모두 수용될 수 없다. 그러나 조선 성리학자들의 일반적 인식에서 첫째와 셋째는 양명학의 실상에 부합한 것이지만, 둘째와 넷째는 양명학과 일정 거리가 있다. 과연 양명학이 리를 근본으로 삼지 않고 심을 근본으로 삼는가? 양명학에서는 심이 곧 리이고, 곧 성이기 때문에 엄밀하게 말하면 심과 성 및 리 삼자를 모두 근본으로 삼는다. 또 주자학의 입장에서는 심이 기의 범주에 속한 존재이지만, 양명학에서 심은 순선한 도덕자유의지로서 형이상자에 속한 초월적 존재이다. 주자학과 양명학에서 긍정하는 심은 '명칭은 같지만 실제 내용은 다른' 동명이실同名異實의 관계임을 다시 한 번 밝혀 둔다.

앞에서도 여러 차례 해설하였지만, 심학에서 심·성·리 삼자는 등가관계로서의 일자이다. 심은 선의지로서 본체의 활동적 의미(자각과 실현)를 표시하고, 성은 본체의 선험적 존재 의미를 표시하며, 리는 본체의 법칙 혹은 규범적 의미를 표시한다. 심 자신이 법칙을 결정할 뿐만 아니라 법칙 자체이기 때문에 밖으로 나아가 격물궁리를 통하여 자신의 활동 방향(리)을 인식할 필요가 없다. 직접 자신을 되돌아보고서 당장에서 활동 방향을 선으로 결정할 수 있다. 심학에서 심은 도덕규범과 법칙을 스스로 제정할 수 있는 입법의 주체이다.

이상의 내용을 온전하게 장악하고 있으면, 조선 성리학자들의 양명학 비판 근거, 그리고 비평의 부당성을 그리 어렵지 않게 발견할 수 있다.

첫째, 한원진은 "심즉리 세 글자는 양명 논리의 종지이다. 이른바 심즉리와 심즉불心卽佛은 모두 이 구절로부터 전개된 것이다"(『남당선생집』「권27」)라고 하였다. '심즉리'를 '심즉불'로 이해한 것은 양명학에 대한 주자학 계통 학자들의 가장 근본적이고도 일반적인 오해이다. 그렇다면 양명의 심과 리, 그리고 불교에서의 심과 리는 동일한 성격의 주체이며 법칙인가?

리는 유학과 불교에서 매우 다양한 의미로 사용된다. 그러나 양자 사이에는 엄격한 분별이 있다. 유학에서 리는 인의예지를 내용으로 하는 도덕가치의 원리이다. 반면 비록 도덕과 무관하다고 할 수는 없지만, 불교에서 리는 인의예지와 천리를 내용으로 하는 규범적 성격의 원리가 아니라 공관空觀에 기초한 공리空理 (無自性)를 지칭한다. 소승과 대승 그리고 중국불교의 삼대 종파인 천태와 화엄 및 선종에서도 리는 무자성無自性[15]의 '공空'을 내용으로 한다. 무엇으로도 제한당하지 않고, 분별도 없는 '공'의 세계가 바로 리의 본래 모습, 즉 실상實相이다.

불교에서 리는 결코 시비선악의 분별 근거 혹 표준으로서의 실체가 아니다. 반면 양명의 리는 일상적인 활동에서 시비선악을 판별하는 도덕실체이다. 이처럼 리의 성격이 다름에도 불구하고 양명과 불교 모두 리를 바깥 사물에서 찾지 않고 마음, 즉 심에서 찾는다. 이 점이 바로 조선 성리학자들이 양명학을 선학으로 규정한 근거이다.

만일 조선의 성리학자들이 육왕의 심즉리에서 심과 리의 성격을 올바르게 이해하였다면, 심즉리를 근본으로 한 육왕학을 주자학과 다른 하나의 유학계통으로 긍정할 수도 있었을 것이다. 그러나 그들의 마음에 비춰진 양명의 심은 단지 형이하자인 기의 영역에 속한 식심識心일 뿐이었다. 이러한 식심은 유식종唯識宗의

---

15 선종에서는 자성(自性)을 긍정하지만, 선종의 자성은 '直指人心, 見性成佛'에서 성이 심의 본래면목이라는 의미이다. 이것과 시공의 영원성과 무한성 그리고 독립성을 부정하는 무자성(無自性)은 서로 다른 차원의 개념이다.

제8식識인 아뢰야식阿賴耶識에 해당한다. 설령 이 심으로부터 가치를 설명할 수 있다고 할지라도 조선 성리학자에 있어 양명의 심은 『대승기신론』의 일심개이문一心開二門에서의 일심一心 이상은 아니었을 것이다. 일심으로부터 진여문眞如門과 생멸문生滅門이 분화된다.

비록 선종에서 심의 본래모습인 자성청정심自性淸淨心을 긍정한다고 할지라도 생멸문 역시 이 하나의 마음으로부터 생출되기 때문에 심즉리의 심을 진여와 생멸의 근원인 하나의 마음(일심)으로 이해할 수밖에 없었을 것이다. 혹자는 육왕학의 '심 밖에 일이 없고(心外無事)'와 '심 밖에 사물이 없다(心外無物)'는 말을 불교의 '모든 것은 마음에서 이루어진 것이다'는 일체유심조一切唯心造와 같은 것으로 이해하기도 하는데, 이 역시 진여와 생멸의 근원인 하나의 마음을 근거로 육왕학의 심을 이해하기 때문이다.

그러나 우리는 불교의 심과 유가철학자들의 눈에 비친 불교의 심은 다르다는 점을 분명하게 인식해야 한다. 송명이학자(육상산과 왕양명을 포함해서)뿐만 아니라 조선의 성리학자들은 대체로 성불의 근거인 자성청정심의 존재를 적극적으로 긍정하지 않는다. 다시 말하면 진여문보다는 생멸문의 근원으로서 심을 이해하기 때문에 심을 식심, 즉 허망한 존재로 본다. 그러나 중국의 진상심眞常心 계통의 천태와 화엄 그리고 선종에서는 자성청정심을 심의 본래면목으로 이해하고, 이 자성청정심을 근거로 성불의 가능성을 적극적으로 제시한다. 육왕학과 불교의 심론을 종합적으로 살펴보면, 육왕의 심즉리뿐만 아니라 선종의 심즉불에 대한 조선 성리학자들의 인식에 문제가 있음을 어렵지 않게 발견할 수 있다.

외형적으로만 보면, 육왕철학의 심은 『대승기신론』의 하나의 마음(一心)과 유사하고, 선종 '심즉불'의 심과도 유사하다. 그러나 분명히 다른 점은 육왕의 심은 인의예지를 내용으로 하는 도덕심이고, 가치의 근원이며, 선험적인 존재이다. 이 점에 관하여 양명은 다음과 말한다.

이 순수한 천리의 마음이 부모를 섬기는 곳에 발하면 그것이 곧 효이고, 군주를 섬기는 곳에 발하면 그것이 곧 충이며, 친구를 사귀고 백성을 다스리는 곳에 발하면 그것이 곧 신과 인이다. _『전습록』「상」

양명에 있어서 리는 심이라는 주관적 의지가 결정한 자기실현의 방향 의미만을 갖지 않는다. 리는 인의예지라는 도덕적 법칙을 내용으로 하는 인륜의 도리이며 질서의 원리이다. 다시 말하면 누구나 긍정할 수 있는 보편적인 상리常理와 상도常道인 것이다. 단지 그 리를 주자처럼 심 밖에 주어진 것으로 인식하지 않고 심이 스스로 자각 성찰하여 결정한다고 하는 것이 주자와 다를 뿐이다.

반면 불교의 자성청정심은 성불의 근거이지만, 인의예지라는 객관적인 규범을 내용으로 하는 도덕심은 아니다. 즉 구체적인 일상생활에서 시비선악의 판단 근거로서 작용하는 선의지도 아니고, 행위에 가치를 부여하는 도덕심도 아니다. 불교의 心은 부처와 중생, 진여와 생멸, 그리고 차별적인 법계를 드러내는 주체이다. 심의 깨달음이 곧 부처이고, 심의 미망迷妄이 곧 중생이다. 진여와 생멸 모두 하나의 심(一心)의 현현이다.

또 불교의 심은 유가처럼 선험적인 실체(固有)라고 규정하기도 어렵다. 불교에서는 모든 중생이 불성을 갖추고 있다, 즉 불성의 보편성을 긍정하지만, 이는 어디까지나 성불의 가능성에 대한 긍정을 표현한 것일 뿐, 불성의 고유성, 즉 선험성에 대한 적극적인 긍정은 아닌 것 같다. 왜냐하면 불성의 선험성(固有)을 긍정하게 되면 자성청정심의 독립성을 긍정하는 것과 같게 되기 때문이다. 다시 말하면 불교의 근본 교리인 삼법인三法印에서는 '어떤 것도 독립적으로 존재하는 것은 없다'는 '제법무아諸法無我'를 긍정하는데, 만일 자성청정심의 독립성을 긍정하면 제법무아와 논리적 모순을 일으킨다. 불교계에서는 불성의 보편성은 강조하지만, 선험적 고유성에 대해서는 말을 조심한다.

육왕학의 심즉리 체계를 외형적으로만 보면 불교와 유사하다. 그러나 외형적인 유사성만 보자면 주자학도 예외가 아니다. 주자학과 불교의 유사성에서 가장 많이 논의되는 것이 바로 주자의 리기론과 화엄의 법계관法界觀이다. 화엄에서는 리법계理法界와 사법계事法界 그리고 리사무애법계理事無碍法界와 사사무애법계事事無碍法界를 제시하는데, 이것과 주자의 리기불리부잡理氣不離不雜은 매유 유사하다. 화엄에서 말한 '리사무애법계'는 현상事이 없으면 리는 존재할 수 없고, 현상은 리를 실현하는 통로이기 때문에 '리'와 '사'는 서로가 서로를 방해하지 않는다는 의미이다. '사사무애법계'는 현상의 모든 것이 리를 담고 있으며 리를 실현하는 통로라면, 수많은 차별상인 사事는 리를 공통분모, 즉 교집합으로 삼을 수 있기 때문에 현상과 현상도 서로가 서로를 방해하지 않는다는 의미이다.

주자가 말한 '리기불리'는 리와 기를 사실적인 입장에서 바라본 것으로, 기를 떠나서 리가 따로 존재하지 않는다는 의미이다. '리기부잡'은 개념적인 입장에서 리와 기를 분별하는 것으로, 비록 리와 기가 서로 독립적으로 존재하지 않는다고 할지라도 리는 형이상자의 범주에 속하고, 기는 형이하자의 범주에 속한다는 의미이다. 즉 리와 기 사이에는 형이상과 형이하라는 엄격한 층차의 구별이 있는 것이다. 이것과 화엄의 법계론은 외형상 유사성을 넘어 완전히 일치한다.

또 정이천은 체용일원體用一源과 현미무간顯微無間을 주장하였는데, 이것 역시 불교의 '리사무애법계'와 유사하다. 뿐만 아니라 '리는 하나이지만 여러 개로 나눠진다'는 리일분수理一分殊 역시 불교의 '하나와 많음은 상즉의 관계에 있다'는 일다상즉一多相卽과 유사하다. 송명이학자들은 도통道統을 매우 강조하는데, 이것과 불교의 조통祖統이 유사하다. 그러나 이상의 유사성은 외적인 형태의 유사성일 뿐 내용의 동일함은 결코 아니다. 그럼에도 불구하고 조선의 성리학자들은 왜 자신의 학술에 대해서는 관용을 베풀면서 육왕학에 대해서는 무지한 태도를 취하는가?

둘째, 퇴계는 "진백사와 양명의 학문은 모두 육상산의 학문으로부터 나왔으며, 심을 근본으로 삼으니 선학이다"(『퇴계선생문집』「卷41」)라고 비판하였다. 퇴계의 이 비판은 양명이 오로지 심만을 말하고 리를 강조하지 않았다는 의미가 아니라, 양명이 오로지 심에서만 리를 추구할 뿐 객관적인 사사물물의 리를 중시하지 않았음을 의미한다.

　퇴계의 이러한 비판은 그르지 않다. 그러나 리를 심의 자율성에서 찾는 양명학과 선학은 내용적으로도 무관할 뿐만 아니라 그 근원 역시 다르다. 양명이 마음에서 리를 찾는 것은 공자와 맹자가 강조하는 도덕의지의 자율성에 대한 또 다른 표현에 불과하다. 공자는 "인이 먼 곳에 떨어져 있는가? 내가 인을 실현하고자 하면 그 인은 바로 다가오는 것이다"(『논어』 「술이」)고 하였고, 맹자는 "군자가 긍정하는 성은 인의예지인데, 이는 심을 근본으로 한다"(『맹자』 「진심상」)고 하였다. 또한 고자와의 변론에서 인의의 내재성을 긍정하였는데, 인의의 내재는 '인의가 심에 본래부터 내재되어 있음(仁義內在於心)'을 의미한다. 도덕규범은 인의의 도덕심에 의하여 결정되고, 또 실현된다. 심은 도덕규범에 대한 입법의 기능을 가진 실체이다. 따라서 공자와 맹자를 근본으로 하는 심학계통에서 도덕가치의 실현은 일심一心의 순선성 여부에 의해 결정된다.

　셋째, 퇴계는 『전습록변』에서 "격물궁리 공부를 싫어하니 석씨의 학문과 다를 바 없다"고 하였다. 사실 퇴계뿐만 아니라 양명과 변론한 고동교顧東橋 역시 양명학에 대하여 "이론이 너무나 높고 공부가 너무 빨라 후생들이 서로 전함에 있어 오류를 범할 수 있을 것 같아 불교의 명심견성明心見性과 정혜돈오定慧頓悟에 빠짐을 면하기 어려울 것 같다"(『전습록』, 「중」)고 한 것을 보면 양명의 학문을 선학으로 본 것은 주자학 계통의 학자뿐만 아니라 당시 유학자의 일반적인 견해였던 것 같다.

양명은 "밖에서 (리를) 추구할 필요가 없다"(『전습록』, 「상」)고 하였고, 육조혜능六祖慧能 역시 "부처佛는 자성自性으로 하는 것이지 몸밖에서 추구하는 것이 아니다"(『육조단경』, 「권3」)라고 하였다. 심과 리, 그리고 리를 추구하는 외형적인 틀만 보면 양명학과 선학은 서로 유사함을 넘어서 완전히 일치한다. 그러나 앞에서 설명한바와 같이 육왕과 선학의 심과 리는 내용과 성격이 전혀 다르다.

또 육왕이 격물궁리를 중시하지 않는 것은 육왕이 심의 자율성을 긍정하기 때문이다. 따라서 육왕철학에서 보면 주자식의 격물궁리는 부차적인 공부임이 당연하다. 만일 퇴계가 주자식의 격물궁리를 경시한 육왕 도덕론의 객관성 결여를 문제 삼아 비판한다면 이는 당연히 수용해야 한다. 그러나 격물궁리를 중시하지 않는 것과 선학은 본질적으로 무관하다.

넷째, 한원진은 "양명의 양지가 곧 천리라는 설은 선학에 빠진 것으로, 이는 기를 리로서 인식한 것이다"(『남당선생문집』, 「권22」)라고 하였다. 주자철학 계통에서 심은 형이하자로서 기의 범주에 속한다. 이 심의 인식 기능이 바로 양지이기 때문에 양지 역시 기의 작용이다. 그런데 양명은 이러한 양지를 천리로 인식하였으니, 주자학계통에서 보면 양지가 곧 천리라는 양명의 학설은 당연히 기를 리로 인식한 것으로 보일 것이다. 한원진은 육왕의 심을 불교의 식심識心으로 인식하고, 허망의 근원을 이 식심에서 찾았으니, 기를 리로 인식한 양명학을 바로 선학이라고 한 것이다. 그러나 이는 양명학에 대한 한원진의 무지에서 비롯된 곡해일 뿐 양명학의 실상과는 천양지차이다.

이상의 논거 외에도 양명학을 선학으로 규정한 근거는 다양하다. 혹자는 교법敎法을 근거로 양명학을 선학으로 규정하였고, 혹자는 거울을 비유로 삼은 것을 근거로 선학이라고 비평하였으며, 혹자는 육왕이 주자의 격물궁리를 지리支離하여 밖으로 내달리는 것(『서애선생문집』 「권15」)으로 비평하였으니 선학임이 분명하다고 하였다. 이상의 근거는 모두 육왕의 심을 철저하게 맹자학이 아닌 주자학을 근거로 이해하였기 때문이다.

2
심즉리에 대한 오해

양명학의 중심 의리는 치양지이다. 그러나 조선 성리학자의 양명학 비판은 치양지보다는 심즉리와 양지 그리고 지행합일과 친민親民에 집중되어 있다. 치양지는 양명에 의해 처음 제창된 생소한 이론이었다. 비평을 하려면 그에 대한 최소한의 선지식이 전제되어야 하는데 조선 성리학자들은 치양지에 대해서는 선지식이 거의 없었다. 심즉리는 상산에 의해 이미 제출되었고, 주자 역시 이에 대하여 비평을 한 전력이 있었다. 양지는 맹자에 의해 이미 제출된 개념이었고, 지행합일은 주자의 선지후행론이 정론으로 자리 잡은 상태였으며,『대학』의 친민설은 주자에 의해 신민新民으로 개작되었기 때문에 주자학에 식견을 가진 학자라면 양명의 주장에 대한 반론의 선지식은 어느 정도 갖추고 있다고 할 수 있다.

심즉리는 리학과 심학 논쟁의 핵심이다. 앞에서 이미 밝힌 바와 같이 주자는 오로지 성즉리만을 긍정하고, 심즉리는 부정하였지만, 육상산과 왕양명 철학에서 심과 성 및 리는 등가관계의 일자이기 때문에 심즉리와 성즉리 및 심즉성이 동시에 성립한다. 주자철학에서 성과 리는 동일자이다. 리가 천지의 만물이 준수해야 할 법칙·원리·규범으로서 인간계와 자연계에 보편적으로 적용되는 합리적인 질서 원리를 지칭한다면, 성은 보편적 질서 의미보다는 자연계를 구성하고 있는 각각의 개체에 적용되는 합리적 질서 개념이다.

성은 '나'라는 개체의 생성과 관계를 맺고 있다. 즉 '나'라는 개체 존재가 생성되면서 갖추고 있는 도리이다. 이는 각각의 개체에 선천적으로 합리적 질서가 갖추어져 있다는 의미와 아울러 합리적 질서의 근원이 천지에 있음을 나타내고 있다. 또한 각각의 개체에 성이 선천적으로 갖추어져 있다는 것은 우주 내의 모든 존재물이 수평적으로 동일한 본래적 가치를 소유하고 있음을 의미하기도 한다. 그러나 이는 성과 리의 형식적인 분계일 뿐이다.

조선 성리학자의 양명 심즉리에 대한 불만과 비평은 어떤 면에서는 양명이 초래하였다고도 할 수 있다. 왜냐하면 양명 역시 주자의 도덕론에 대하여 불필요한 오해와 비평을 자주하였기 때문이다. 다음의 비평이 대표적인 예이다.

양명이 말하였다. "주자의 이른바 격물 운운하는 것은 사물에 접接

274

하여서 그 사물의 이치를 궁구하는 것이다. 무릇 사사물물에서 그 이치를 추구하는 것은 마치 부모에게서 효의 이치를 추구하는 것과 같음을 말함이다. 부모에게서 효의 이치를 추구한다면 효의 이치는 나의 마음에 있는가? 아니면 부모의 몸에 있는가? 만일 부모의 몸에 있다면 부모가 죽은 후에 내 마음에도 효의 이치가 없다는 말인가? _『전습록』「중」

이러한 표현은 『전습록』 곳곳에서 발견된다. 주자가 주장한 격물궁리는 구체적인 사물과 접해서 그 사물과 나 사이에 마땅히 존재해야 하는 도덕적 원리를 인식하라는 의미이지 도덕적 원리가 바깥의 사물에 있고, 그 사물이 사라지면 도덕적 법칙 역시 함께 사라진다는 것이 아니다. 이처럼 주자학의 실상과 전혀 부합하지 않은 비평이 『전습록』에 적지 않게 수록되어 있다.

양명이 심즉리의 자율성과 자신의 도덕론 특성을 강조하기 위하여 약간 무리한 비유를 드는 것은 반대할 수 없지만, 주자의 심과 리 관계를 오해하고서 이를 자신 학설의 정당성 확보를 위한 근거로 사용해서는 안 된다. 격물궁리에 대한 양명 오해의 원인은 그가 주자철학의 심과 리의 관계를 지나치게 단선적으로 이해하였기 때문이다. 양명의 심즉리를 비판한 조선 성리학자들의 불만은 바로 이곳에 집중되어 있다. 조선 후기 유학자인 이정직은 이 점에 대하여 혹독하게 비판한다.

> 양명은 어찌 (주자의 격물설을) 비난하면서 "사사물물에서 그 이치를 추구하는 것은 마치 부모에게서 효의 이치를 추구하는 것과 같음을 말함이다"라고 하는가? 주자가 언제 격물의 물을 부모의 몸이라고 말하였는가? 부모를 격물의 물로 삼는 것은 양명이 스스로 그렇게 한 것이니, (양명이) 말한 "부모가 죽은 후에 내 마음도 따라서 효의 이치가 없다는 말인가"는 스스로를 곤경에 빠뜨린 것이 아닌가? _『석정집』「권5」

이정직은 "만일 부모의 몸에 있다면 부모가 죽은 후에 내 마음에도 효의 이치가 없다는 말인가"라는 양명의 의문에 대하여 격물은 부모의 몸에서 도리를 추구하는 것이 아님을 지적하고 있다. 만일 격물궁리가 외물에서 도리를 찾는 것이라면 양명의 지적처럼 부모가 죽으면 효의 도리도 함께 사라지게 될 것이다. 그러나 부모의 생사존망과 관계없이 효의 도리는 영원히 내 마음에 간직되어 있다. 단지 부모의 존재가 없어지면 효의 도리도 드러나지 않을 뿐이다. 주자의 심과 리의 관계에 대한 이해는 양명보다 퇴계와 이정직의 이해가 더욱 정확하다. 퇴계와 이정직은 주자의 격물궁리가 단순하게 외적인 사물에서 행위의 표준을 찾는 것이 아님을 올바르게 이해하고 있다.

한원진은 『서경書經』「대우모大禹謨」의 인심人心과 도심道心을 근거로 양명의 심즉리를 비평한다.

> 인심은 위태롭고, 도심은 은미하다. 인심은 리로 보아서는 안 된다. 도심이라는 말은 도의 마음이 아닌 것이 있다는 것이다. 심이 리라면 심이 곧 도일텐데, 또다시 도심이라는 이름이 필요하겠는가? _ 『남당선생문집』「권27」

양명 역시 인심과 도심에 관한 설명을 한 적이 있다. 양명은 『상산전집』「서序」에서 다음과 같이 말하였다.

> 성인의 학문은 심학이다. 요·순·우는 도를 전수하면서 다음과 같이 말하였다. "인심은 위태롭고 도심은 은미하니 오로지 사욕을 버리고 마음을 하나로 하여 진실로 그 중용의 도를 잘 잡아 행하여야 한다." 이것이 바로 심학의 근원이다. 공맹의 학문은 오로지 인을 추구하는 곳에 힘을 쓴 순수한 학문의 전통이다 … 심과 리를 둘로

나누어 서로 다른 것으로 간주하면 그 순수한 학문은 무너져 망하게 된다. 지금의 유자가 지리支離한 것은 밖으로 형명기수刑名器數의 말末에서 소위 물리라는 것을 추구하여 밝히려고만 할 뿐, 이 물리가 바로 나의 본심이어서 처음부터 밖에서 찾을 필요가 없었음에도 불구하고 그것을 몰랐기 때문이다. 불가와 도가가 공허한 것은 인륜과 사물의 상리를 버리면서 소위 내 마음이라는 것만을 추구할 뿐, 물리가 바로 내 마음이며 이 물리를 버려서는 안 된다는 것을 모르기 때문이다.

한원진과 양명의 인심·도심에 관한 논변을 보면, 양자 모두 자신의 입장에서 상대방 학문을 아전인수식으로 해석하고 있음을 발견할 수 있다. 먼저 한원진의 변론을 살펴보자. 한원진은 "도심이라는 말은 도의 마음이 아닌 것이 있다"는 것을 의미하기 때문에 인심이 곧 도심이 아님은 분명하다는 것이다. 그런데 양명처럼 심즉리라고 한다면 인심이 곧 도리, 즉 도심이기 때문에 도심이라는 말이 필요 없게 된다. 한원진이 이해한 심은 심즉리의 심보다 광의적인 의미의 심이다. 양명이 긍정한 심즉리의 심은 심의 본체로서 지선한 도심을 지칭한다. 양명학에서 인심과 도심은 서로 다른 두 마음이 아니다. 심의 본체는 지선하다. 이 지선한 心이 바로 도심이고, 기질의 욕념에 의하여 발동하면 이것이 바로 인심이다. 그러나 인심은 심의 본래 모습이 아니다. 따라서 공부는 인심을 제거하여 본심의 본래모습을 회복하는 것에 있다. 이에 관하여 양명은 다음과 같이 말한다.

공부는 반드시 심에서 힘을 써야 한다. 무릇 알 수 없고 행할 수 없는 것은 반드시 돌이켜 보아 자기의 마음에 합당하도록 체찰體察하면 곧 통달할 수 있을 것이다. 사서오경이란 다른 것이 아니라 이 심체心體에 대한 해설에 불과하다. 이 심체가 바로 소위 도심이란 것이며, 또 이 본체가 밝으면 도체도 역시 밝게 되므로 양자는 다른 것이 아니다. 이것이 학문을 하는 중심요점이다. _『전습록』「상」

이는 인심 밖에 도심이 따로 있지 않음을 말한 것이며, 치양지는 인심의 본체, 즉 인심을 제거하여 도심을 드러내 밝히는 공부임을 말한 것이다.

주자의 인심도심설에 대하여 오해하기는 양명도 마찬가지이다. 그는 주자의 심과 리 관계를 오해하여 불가와 도가의 학설이라고 비판한다. 그러나 주자철학에서도 인심과 도심은 둘이 아니다. 심이 격물궁리를 통하여 심의 리를 자신의 덕德으로 삼으면 그것이 바로 도심이고, 리와 심이 합일되지 않으면 그것이 바로 인심이다. 양명학에서 허망의 인심을 걷어내고서 도심을 회복하는 공부가 바로 치양지이다. 치致는 자각을 시점으로 확충하는 과정에서 인심을 살펴 도심으로 회귀시키는 공부이다. 주자철학에서는 거경함양과 격물궁리 및 성의가 인심을 극복하고서 도심을 현현시키는 공부이다.

양명이 주자의 격물설을 오해한 것과 조선 성리학자들이 양명의 심즉리를 불교의 심즉불로 이해한 것은 서로 다른 차원의 문제이다. 조선 성리학자들이 주자철학에 대한 양명의 잘못된 이해를 규정한 것은 수용할 수 있지만, 심즉리와 심즉불을 동일한 성격의 명제로 이해한 것은 양명철학에 대한 조선 성리학자들의 또 다른 곡절이다.

3
양지에 대한 오해

주자가 『대학』과 『중용』에 대해서는 주석과 함께 장구를 분리하였고, 『논어』와 『맹자』에 대해서는 주석만을 첨부하였다. 때문에 『대학장구』와 『중용장구』라고 칭하고, 『논어집주』와 『맹자집주』라고 칭하는 것이다.

주자의 『맹자집주』에는 어색한 해설이 여러 차례 나온다. 그중에서도 가장 어색한 곳이 바로 양지에 대한 주자의 해설이다. 맹자는 "사람이 배우지 않고서도 자연스럽게 할 수 있는 것은 양능이 있기 때문이고, 생각하지 않고서도 자연스럽게 알 수 있는 것은 양지가 있기 때문이다"(「진심상」)고 하였다. 이 구절에 대하여 주자는 정이천의 해설을 인용하여 "양지에서 양은 본래의 선을 의미한 것이고, 양지와 양능은 후천적인 학습을 통하여 배양하거나 축적한 것이 아닌 선천적으로 부여된 것이기 때문에 인위와는 관련이 없음"을 긍정한다. 주자 역시 양지와 양능을 후천적인 학습을 통하여 배양한 능력으로 이해하지 않고 도덕 판단과 실천의 선천적인 능력으로 이해하고 있다.

그러나 주자는 성리에 대한 심의 지각능력은 긍정하였지만, 양지를 들어 심의 지각 작용을 적극적으로 내세우지는 않는다. 즉 주자는 양지의 작용을 전면에 내세우지 않는다. 그 이유는 아마 도덕 판단과 실천에 관한 선천적인 능력을 적극적으로 긍정하게 되었을 때 주자 공부론의 핵심인 격물궁리론의 중요성이 퇴색할 가능성이 있기 때문일 것이다. 그렇다고 양지의 지각 작용을 일괄적으로 부정하기도 어려웠을 것이다. 만일 양지의 작용을 부정한다면 성리에 대한 심의 인식 기능을 설명하기 어렵게 된다. 주자의 고민은 바로 여기에 있다.

맹자철학에서 양지는 성리에 대한 인식 능력의 의미보다는 도덕규범에 대한 자율성으로서의 능력의 의미가 더 크다. 따라서 주자가 양지의 작용을 적극적으로 긍정하면 격물궁리를 필연적인 공부론으로 설정하기 어렵다. 그러나 성리에 대한 판단능력은 보장해 주어야 한다. 때문에 주자는 양지를 적극적으로 내세우지 않고 제한적으로 사용한다. 그러나 심학자들은 시비선악의 판단 능력인 양지와 호선오악의 실현 능력인 양능을 근거로 격물궁리의 불필요성을 강조한다. 상산이 "내가 비록 문자를 한 자도 모른다고 할지라도 나는 당당하게 도덕군자의 인품을 이룰 수 있다"(『상산전집』 「권35」)고 한 것은 바로 양지와 양능 작용에 대한 신뢰 때문이다.

양명에 이르러 치양지를 전면으로 내세우면서 양지의 의미와 지위는 다시 새로운 면모를 갖추게 된다. 치양지의 양지는 맹자의 양지설을 근본으로 확장된 개념이다. 다시 말하면 양명은 맹자가 주장한 양지뿐만 아니라 양능의 의미, 그리고 사단지심의 의미까지도 하나의 양지 속에 포함시켜 이해하고 있다. 그러나 이정직은 다음과 같이 오해한다.

> 지금 양명은 오로지 양지만을 들고서 거기에 '치致' 자를 더하고, 그것을 『대학』의 치지에 붙였다. 그렇게 한 까닭에 관해서 "양지는 맹자가 말한 시비지심으로서 모든 사람이 다 갖추고 있는 것이다. 시비지심은 사려하지 않아도 알고, 배우지 않아도 할 수 있는 것이다. 때문에 양지는 하늘이 우리에게 내린 성이다"라고 말하였다. 그 견강부회함이 교묘하면 교묘할수록 졸렬함이 더욱 심하게 됨은 어떤 이유에서인가? 맹자는 "측은지심은 인의 단서이고, 수오지심은 의의 단서이며, 사양지심은 예의 단서이며, 시비지심은 지의 단서이다. 사람에게 이 사단이 있는 것은 마치 사체四體가 있는 것과 같다"고 하였다. 지금 양명은 그 삼단三端(측은지심·수오지심·사양지심)을 버리고 오로지 시비지심만을 들고 있으니, 어찌 하늘이 우리에게 내린 성의 전체라고 말할 수 있겠는가? 양명은 오로지 시비지심만을 들어 치양지설을 꾸미려고 한다. 그러나 맹자가 말한 양지에 인의예의 의미는 없고 오직 시비지심의 의미만 있다는 말인가?
>
> _『석정집』「권5」

비록 양명학에 대한 조선 성리학자의 비평 중에서 이정직의 비평이 양명학의 실상에 가장 접근하였다고 평가할 수 있지만, 그 역시 양명학의 실상에 대한 이해는 상당 부분이 유감이다. 이정직의 이러한 변척辨斥은 양명의 양지에 대한 그의 무지에서 비롯된 것이다. 이정직은 양명의 양지가 맹자의 양지와 양능 그리고 사단지심을 총괄한 도덕본성임을 이해하지 못하고서 양명을 조롱한 것이다. 맹자는 양지와 양능을 분리하여 설명하였지만, 도덕실천의 과정에서 이 양자는 동시에 드러난다. 다시 말하면 시비선악에 대한 자각 판단은 호선오악의 정감을 반드시 수반한다. 양명이 치양지 과정에서 지행합일을 주장한 근거도 바로 지선지악과 호선오악이 동시에 발생한다는 것에 있다. 또 호선오악은 단순한 정감이 아니라 도덕적인 내용을 포함하고 있다. 이것을 양명은 진성측달眞誠惻怛이라고 하였다. 진성眞誠은 공경지심 혹은 사양지심이고, 측달惻怛은 측은지심이다. 이러한 양명의 규정에 대한 동의 여부와 관계없이 양명은 맹자의 양지와 양능 그리고 사단지심뿐만 아니라 상산이 주창한 심즉리의 심까지 하나의 양지에 귀속시켜 치양지설을 전개하였다.

양지에 대해 가장 적극적인 비판을 가한 학자는 한원진이다. 한원진은 양명의 '양지즉천리설良知卽天理說'을 선학이라고 폄하한다. 그는 다음과 같이 비평한다.

> 양지와 양능은 천리가 아니라 천리의 발현처라고 하였다. 따라서
> 천리와 인욕 측면에서 보면 양지양능은 천리 쪽에 속하고, 심성리
> 기心性理氣에서 말하면 양지양능은 심과 기에 속하지 성과 리에 속
> 하지 않는다. _『남당선생문집』「권22」
> 양지를 통하여 천하의 도리를 알 수 있지만, 반드시 궁리를 통해서
> 만 양지의 작용을 확충할 수 있으며, 만일 궁리하지 않으면 양지인
> 지 양지가 아닌지를 알 수 없다. 선학의 잘못은 양지를 확충하는
> 것에 있는 것이 아니라 양지가 아닌 것을 확충함에 있는 것에 있
> 다. _『남당선생문집』「권23」

"양지양능은 천리의 발현처"라는 한원진의 주장을 외형적으로
보면 양명의 학설과 유사하다. 그러나 한원진이 말한 '발현처'는
천리에 대한 자율성으로서의 현현이 아니라, 성리에 대한 심의
인식을 통한 발현일 것이다. 두 번째 문장에서는 양지를 궁리의
주체로 삼는다. 즉 성리에 대한 지각 작용이 바로 심의 양지인 것
이다. 이는 철저한 주자학의 사유를 근거로 한 것일 뿐 양명이 말
한 양지의 실상과는 거리가 있다.

한원진의 입장은 철저히 주자의 심성론을 대변한 것이다. 그러나 앞에서 이미 밝힌 바와 같이 양지를 천리로 이해하는 양명의 양지설이 주자철학과는 이질적이지만, 그것을 근거로 선학으로 폄하한 것에는 객관적인 근거가 전혀 없다. 혹자는 선학의 불성론을 양지와 연결시켜 이해할 수 있다고 생각할 것이다. 그러나 앞에서 밝힌 바와 같이 선학에서 불성은 성불의 가능성이지 결코 인의예지를 내용으로 하는 가치판단의 근거도 아니고, 선을 좋아하고 악을 싫어하는 호선오악의 도덕정감도 아니다. 또 선학에서는 치양지를 주장하지도 않았고, 설령 주장하였다고 하더라도 선학의 치양지가 양지가 아닌 것을 확충(致)한 것도 아니며, 이것이 곧 선학과 양명학의 동일성을 증명하는 것도 아니다.

4

지행합일설에 대한 오해

앞에서 이미 밝힌 바와 같이 지행합일설은 양명학의 대표적인 이론으로 알려져 있지만, 사실 양명학에서 지행합일설의 지위는 치양지에 종속된 부차적인 이론에 불과하다. 지행합일설은 양명학의 초기 이론이다. 양명은 38세에 귀양서원에서 강의하면서 처음 지행합일을 내세워 제자들을 가르쳤다. 그러나 지행합일의 의미와 지행의 본체에 대한 불필요한 이설異說들이 등장하였다. 양명은 50세 이후 남창南昌에 거주하면서 치양지를 본격적으로 주창하였고, 이때부터 지행합일에 대해서는 거의 언급하지 않았다. 왜냐하면 지행합일에서 지와 행은 모두 치양지의 '치致'의 과정이고, 치양지가 실현되면 지와 행은 필연적으로 합일되기 때문에 또다시 지행합일을 강조할 필요성을 느끼지 못한 것이다.

양명의 지행합일설에 대한 비평의 중심인물은 퇴계이다. 양명 지행합일설에 대한 조선 성리학자들의 비평 소재는 대부분 양명이 지와 행의 합일을 비유적으로 설명한 예화가 주를 이룬다. 비유는 단지 비유에 불과하고, 또 보는 각도에 따라서 서로 다른 의미로 해석될 수 있다. 따라서 비유를 소재로 한 공격은 그 자체가 비생산적인 논쟁이다.

양명은 『대학』의 "아름다운 색을 보는 것과 좋아함, 그리고 악취를 맡는 것과 싫어함"을 비유로 지행합일을 설명하였다. 사실 자연생명의 반응에는 필연성이 없다. 타인이 '아름답다'고 판단한 것에 대하여 나 역시 반드시 '아름답다'고 판단하는 것은 아니기 때문이다. 그러나 이는 비유에 불과하다. 우리는 아름다운 색에 대하여 '아름답다'고 판단하거나 악취에 대하여 '역겹다'는 판단을 함과 동시에 아름다운 색을 좋아하고 악취를 싫어하는 마음이 든다. 이때 '아름답다'거나 '역겹다'는 판단이 바로 지행의 지이고 '아름다운 색을 좋아하거나 악취를 싫어하는 마음'이 바로 지행의 행이다.

아름다운 색을 좋아하고 악취를 싫어하는 것은 일종의 긍정과 부정의 표현이다. 만일 '아름답다'와 '역겹다'는 판단을 하였는데, 이에 대하여 받아들임과 거부의 반응이 없다면, 그 판단은 진실하지 못한 것이다. 마찬가지로 시비선악에 대하여 판단을 하였는데, 호선오악의 정감이 즉각적으로 수반되지 않는다면, 그 판단의 진실성은 당연히 의심을 받게 된다. 이로써 보면 양명의 지행합일에서 지는 자세한 절목節目에 대한 앎이 아니라, 동기의 순수성과 판단의 지선성 확보임을 알 수 있다.

퇴계의 「전습록변」에서 지행합일설에 대한 변척 내용이 가장 길다. 퇴계는 「전습록변」에서 양명이 지행합일성을 주장한 것은 '그저 도리만을 알고 실천으로 옮기지 않는 당시 유학자들의 병폐를 바로잡고자 함'이라고 하면서 일단 긍정적인 입장으로 출발한다. 그러나 '아름다운 색을 보는 것見好色'과 '악취를 맡는 것聞惡

臭'을 지로 비유하고, '아름다운 색을 좋아하는 것好好色'과 '악취를 싫어하는 것惡惡臭'을 행으로 비유한 양명의 지행론에 관해서는 통격을 가한다.

퇴계에 따르면, 견호색見好色과 호호색好好色 그리고 문악취聞惡臭와 오악취惡惡臭가 동시에 발생하는 것은 육체생명의 작용에 속하는 것이지, 결코 도덕생명에 속하는 것이 아니라고 한다. 도덕생명에서는 선을 보고도 선을 모르는 자가 있고, 선을 알고도 마음으로 선을 좋아하지 않는 자가 있다. 그런데도 어찌 선을 보았을 때 이미 그 선을 좋아한다고 말할 수 있는가? 악의 경우도 마찬가지이다. 이러한 퇴계의 비평을 독립적으로 보면 별로 흠잡을 데가 없다. 또 퇴계는 "본래 성현의 학문은 마음에 근본을 두고서 사물의 이치를 관통하는 것인데, 오로지 본심에만 두고서 조금이라도 사물에 연루될까 두려워 오직 본심에서만 지행이 하나라고 생각하였다고 한다."(『퇴계선생문집』「권41 전습록논변」) 퇴계의 비평은 외형상으로 보면 양명 지행론의 허구성을 간파한 것 같다. 그러나 퇴계의 지적에 대하여 필자는 세 측면에서 반박하고 싶다.

첫째, 퇴계는 비유에 대하여 지나치게 집착하고 있다. 비유는 그저 비유에 불과하다. 맹자 역시 "리와 의가 내 마음을 기쁘게 해 주는 것은 마치 맛있는 고기 요리가 내 입을 즐겁게 해 주는 것과 같다"(『맹자』「고자상」)고 하였다. 퇴계의 비평 논거를 따르면, 맛있는 고기 요리가 내 입을 즐겁게 해 주는 것은 육체생명의 작용에 속한 것으로서, 맛있는 고기를 보자마자(見好色-知) 먹고 싶다는 욕구(好好色-行)가 든다. 그러나 리의理義에 대한 인식과 리의를 좋아하는 마음의 관계는 격물궁리와 성의의 관계이기 때문에 리의를 보는 것(인식-知)과 리의에 대한 좋아함(行)의 표현 사이에는 시간적인 선후가 필연적으로 있을 수밖에 없다. 그런데 왜 퇴계가 그토록 추앙한 맹자는 시간적 선후가 분명한 리의에 대한 인식과 리의를 좋아하는 마음의 관계를 시간적 선후가 없는 맛있는 고기(芻豢)와 입(口)의 반응을 예로 들어 설명하였는가?『맹자』뿐만 아니라 이와 유사한 비유로써 자신의 사유를 설명한 유학자는 많고도 많다. 설마 퇴계의 문집에는 이와 유사한 비유가 전혀 없는가?

둘째, 퇴계가 지행합일에서 합일에만 집착하여 치양지의 의미를 올바르게 이해하지 못했다. 양명의 지행합일설은 원론적인 입장에서 말한 것이다. 현실에서 보면 '아름다운 색을 보는 것'과 '아름다운 색을 좋아하는 것'의 자연스러움처럼 지와 행이 자연스럽게 합일되는 것은 아니다. 그렇기 때문에 치양지가 필요한 것이다. 치致는 바로 지와 행의 부자연스러운 관계를 자연스러운 결합으로 재설정해 주는 공부이다.

셋째, 양명은 결코 사물의 이치를 소홀히 하지 않았다. 양명의 제자인 서애의 의문처럼 흔히 지와 행을 분리하여 이해하기 쉽다. 즉 먼저 도리를 지각하고서, 다음 도리에 입각하여 실천이 이루어지기 때문이다. 이는 일반적인 상식이다. 그러나 앞에서 밝힌 것처럼 양명의 지행합일에서 지는 도덕실천의 가능 근거를 올바르게 세우는 근본적인 앎(根本知)에 관한 것이다. 양명의 입장에서 보면 세세한 절목 등의 사물에 관한 지식은 근본적인 앎을 확립한 이후의 일이다. 이 점에 관하여 양명은 다음과 같이 말한다.

성인은 알지 못하는 바가 없다고 하는데 이는 단지 양지의 천리를 안다는 의미이고, 성인은 하지 못하는 것이 없다고 하는데 이는 단지 양지의 천리에 따라서 모든 것을 처리할 수 있다는 것을 의미한다. 성인은 양지의 본체를 분명하게 알고 있기 때문에 모든 일마다 그 천리의 소재(마땅히 해야 할 도리)를 알며, 또 그 천리를 다하게 되는 것이지 본체를 분명하게 인식하고 난 후에 천하의 사물들에 대해서 모두 알게 되고 할 수 있게 되는 것이 아니다. 천하의 사물이란 명칭·기물·제도·법칙·풀·나무·금수 등 종류가 복잡하기 이를 데 없다. 성인이 비록 본체를 명백하게 알고 있다 하더라도 무슨 방법으로 이러한 것들을 다 알 수 있겠는가? 알 필요가 없는 것은 성인은 스스로 알려고 하지를 않는다. 마땅히 알아야 할 것이 있다면 성인은 스스로 사람들에게 잘 묻는다. 이것은 마치 "공자가 태묘太廟에 들어갈 때는 매사를 물었다"는 것과 같은 것이다. _「전습록」「하」

이곳에서 양명은 지행합일의 '지'와 사물의 물리에 관한 2차적인 '지'의 차이를 분명하게 설명하고 있다. 지행합일의 지는 양지의 자각이다. 따라서 외물에서 추구할 필요 없이 본심에서 찾으면 당장에서 양지의 천리는 드러난다. 그러나 사물의 경험적 지식 측면에서 말하자면 성인도 역시 모르는 것이 있으며 또한 할 수 없는 것도 있다. 그가 모르는 것과 할 수 없는 것이 만약 도리에 비춰 보아 마땅히 알아야 하고 마땅히 해야 할 것이라고 판단되면 성인은 스스로 자신의 양지 판단 결정에 따라서 다른 사람에게 가르침을 청하기도 하고 또 배움을 청하기도 한다. 이에 관한 지식이 습득되었으면 양지의 판단에 따라 그것을 구체적으로 실현한다.

필자는 양명학에 관한 퇴계의 논변을 보면서 퇴계가 양명학을 심도 있게 살펴보지 않았음을 어렵지 않게 살필 수 있었다. 퇴계는 「전습록변」을 서술하기 전에 『전습록』「상」의 내용을 온전하게 살피지 않았다. 필자의 생각으로는 아마 양명과 서애의 문답만을 보고서 양명학에 대한 선입견을 그대로 서술한 것 같다.

퇴계가 양명의 『전습록』을 상세하게 살펴보지 않는 이유는 여러 가지가 있을 수 있다. 필자는 대표적인 이유로서 퇴계의 의식구조를 들고 싶다. 김성일金誠一(鶴峯, 1538-1593)의 기록에 의하면, 퇴계는 불교를 비롯한 이단의 교리는 한 번 빠지면 헤쳐 나오기 어렵기 때문에 처음부터 읽지 말 것을 강조하였다. 이는 마치 물을 건너려고 하면서 물이 얼마나 얕고 깊은지를 시험해 보고자 조금조금 들어가다가 마침내 물에 빠질 수도 있는 것처럼 불교가 무엇인지 알려고 조금씩 보다가 결국에는 불교에서 빠져나올 수 없는 위험에 처할 수도 있기 때문에 처음부터 불교의 서적을 아예 보지도 말라는 것이다. 이러한 퇴계의 비개방적인 의식구조는 양명학에도 동일하게 적용되었을 것이다. 양명이 주자를 오해한 것처럼 주자학을 종지로 한 퇴계가 양명의 지행합일설을 비평할 수는 있다. 만일 이론상 문제가 있고, 혹 비현실성이 발견되면 마땅히 수용해야 한다. 그러나 퇴계의 비평이 정당성을 확보하려면 양명의 지행합일설에 대한 곡해가 없어야 한다.

5
친민과 신민에 관한 논쟁

조선시대 반양명학자들의 양명학 비판의 핵심 주제로는 심즉
리와 양지 그리고 지행합일설, 마지막으로 친민과 신민에 관한
논쟁이 있다. 필자가 보기에 양명학과 조선 성리학자의 논의 중
에서 객관적인 논거를 중심으로 전개된 유일한 주제가 바로 친
민과 신민인 것 같다.

『대학』의 강령인 '밝은 덕을 밝히는' 명명덕明明德과 친민親民(新
民) 그리고 '지극한 선의 경지에 머문다'는 지어지선止於至善 중의
두 번째 강령인 재친민在親民(新民)에 대한 주자와 양명의 입장은
서로 대립된다. 이 논쟁의 원인 제공자는 주자이지 양명이 아니
다. 왜냐하면 원래 『예기』에 수록되어 있는 『고본대학古本大學』의
친민親民을 신민新民으로 수정한 것이 주자이기 때문이다. 주자는
「대학장구서」에서 "그 책(『대학』)을 되돌아보니 잘못된 부분이 상
당히 있는 것 같아 그 고루함을 잊고 가려내 모았다. 그 사이에
나의 의견을 붙이고 빠진 부분을 보충하여 후세의 군자를 기다
리고자 한다"고 하면서 『고본대학』의 재친민在親民을 재신민在新民

으로 수정하였다.

그러나 양명은 주자의 신민설에 반대하면서 『고본대학』의 친민을 고수하였다. 주자와 양명은 자신의 주장을 합리화하기 위하여 『대학』의 전문에서 그 근거를 확보하였다. 주자 신민설의 전문 근거는 "진실로 어느 날 새로워졌으면 나날이 더욱 새롭게 하고 또 나날이 새롭게 하라(苟日新, 日日新, 又日新)"와 "새롭게 하려는 백성을 진작하라(作新民)" 그리고 "주나라가 비록 오래된 나라이지만 그 천명만은 새롭다(周雖舊邦, 其命維新)"이고, 양명 친민설의 전문 근거는 "군자가 옛 왕의 현명함을 존중하고, 사랑해야 할 사람을 사랑한다(君子賢其賢, 而親其親)"는 것과 "어린아이를 보호하듯이 하고, 민중들이 좋아하는 것을 하라(如保赤子, 民之所好)"는 것이다. 이후 다시 조선에서 퇴계와 한원진이 양명의 친민설을 비판하면서 리학과 심학 논쟁의 중심 주제로 부각되었다.

필자는 신민설과 친민설의 논쟁은 이미 주자학과 양명학의 성격에 의하여 결정되었기 때문에 주자학과 양명학을 통한 논쟁은 별다른 의미를 갖지 못한다고 생각한다. 『대학』은 주자철학과 양명철학 체계 구성에 절대적인 영향을 끼쳤다. 주자의 격물치지가 『대학』에서 온 것이고, 양명의 치양지는 『대학』의 치지가 기본 틀이다. 그러나 주자의 격물궁리는 사물의 이치를 파악하는 경로를 통하여 자신에게 갖추어진 도리를 인식하는 것이기 때문에 후천적인 배움, 즉 학습과 적습積習이 주를 이룬다. 주자는 『대학장구』에서 "신新은 옛것을 고침을 말한 것이다. 이미 스스로 그 밝은 덕(明德)을 밝혔으면, 또 마땅히 미루어 남에게 미치어 그로 하여금 옛날에 물든 더러움을 제거하도록 하는 것이다"라고 하였다. 즉 주자는 '명명덕'을 개인의 학습으로, '친민을 명명덕을 통한 백성들의 교화'로 인식하여 친민을 신민으로 고쳤다. 그렇다면 지어지선止於至善은 개인뿐만 아니라 전 백성이 교화되어 자신의 명덕을 충분히 실현하는 경지라고 할 수 있을 것이다. 백성의 교화에도 사랑의 '친親' 의미가 포함되어 있지만, 주는 교육을 통한 학습이기 때문에 '친'보다는 신新이 적절하다고 생각한 것이다.

그러나 양명은 양지의 특성을 근거로 친민설을 견지한다. 양명은 『대학문大學問』에서 "명덕을 밝히는 것은 천지만물과 일체를 이루는 체體를 세우는 것이고, 민중을 사랑한다는 것은 천지만물과 일체를 이루는 용用을 달성하는 것이다"라고 하면서, "천지만물과 일체를 이루려고 하는 것은 의도적으로 그렇게 한 것이 아니라 원래 그 마음의 인仁이 천지만물과 일체이기 때문이다"라고 한다. 양명은 천지만물과 일체를 이룰 수 있는 근거를 양지, 즉 심의 특성에서 찾는다. 심 혹은 양지의 특성은 바로 천지만물에 두루 감통하면서(感通無隔) 천지만물을 하나도 빠짐없이 윤택하게 하는 것(覺潤無方)에 있다. 따라서 양지는 무한의 영역으로 자신의 감응 작용을 실현해 간다. 양지의 감응은 다름 아닌 타자와의 일체, 즉 사랑의 실현이다. 따라서 양명철학에서 명명덕은 양지인 명덕을 자각하여 실현하는 것이고, 친민은 민중과 감응하고, 더나아가 천지만물과 감응하는 확충의 과정이며, '지어지선'은 천지만물과 일체를 이루는 지극의 경지이다. 다시 말하면 명덕인 양지를 실현하여 타자와 일체를 이루는 것이 곧 친민이고, 이 친민의 완전실현, 즉 천지만물일체가 바로 지어지선이 된다.

한원진은 양명이 『고본대학』을 좇아 친민설을 내세우는 것에 대하여 "오로지 주자와 다른 이론을 내세우는 데만 힘을 썼으니 그 마음이 참으로 나쁘다(可惡)"(『경의기문록經義記聞錄』 「권1」)고 하였다. 그러나 필자가 보기에는 한원진의 곡해야말로 양명학의 양지 특성에 대한 무지에서 비롯된 더더욱 나쁜 견해인 것 같다.

양명의 친민설에 대한 조선 성리학의 대표자는 퇴계와 한원진이다. 이 양자의 논거는 주자학이기 때문에 실제로 양명의 주자 신민설 비판에 대한 주자의 재반론이라고 할 수 있다. 퇴계는 「전습록변」에서 양명의 친민설에 대하여 다음과 같이 비판한다.

"대학의 도는 명덕을 밝힘에 있다"고 하는 것은 자기의 배움으로 말미암아 그 덕을 밝힘을 말하는 것이다. 이어 말하기를, "신민에 있다"는 것은 자기의 배움을 미루어 백성들에게 미치게 하여 백성들로 하여금 그 덕을 얻게 하는 것이다. 명명덕과 신민은 모두 배움의 의미를 띠고 있어, 양자가 일관되게 연결되어 있다. 따라서 백성을 기르고 사랑하는 의미와는 처음부터 관련이 없다. _『퇴계선생문집』「권41」

이는 양명이 서애와의 문답에서 "대학 전문 중의 작신민作新民의 '신'은 스스로 새로워지는 백성이니, '신민'의 '신'과는 다르다. 그 아래에 나오는 치국평천하治國平天下에서도 모두 '신' 자에 관한 설명이 없다"(『전습록』「상」)고 한 말에 대한 반론이다. 양명에 의하면 주자가 신민설의 근거로 사용하였던 '작신민'의 '신'은 교화를 통하여 새로워진다는 의미가 아니라 스스로 새로워지는 백성을 지칭한다. 따라서 이를 신민의 근거로 사용해서는 안 된다는 것이다.

퇴계는 명명덕으로부터 신민 그리고 지어지선의 전개 과정을 배움學의 관점에서 해석한다. 자기의 배움을 통하여 자신을 새롭게 하는 것이 명명덕이고, 나아가 그것이 타인에게 미쳐 타인을 새롭게 하는 것이 신민이며, 그 경지가 바로 지어지선이다. 퇴계의 이러한 해석은 철저하게 주자학의 격물궁리를 근본으로 한 점교적 학습론을 근거로 한 것이다. 반면 양명의 친민설은 사랑이라는 도덕적 정감을 바탕으로 타자와의 정감적 교류를 중심으로 한 것이며, 학습보다는 실천에 치우친 『대학』 강령 해석이다.

『대학』을 치자治者의 관점에서 이해하더라도 주자와 양명의 입장은 확연하게 대비된다. 주자의 『대학』 강령에 대한 이해의 중심은 교육이다. 이를 치자의 입장에서 보면 맹자의 교민설敎民說과 일치한다. 반면 양명의 『대학』 강령에 대한 이해의 중심은 사랑, 즉 양육이다. 이는 맹자의 양민설養民說과 일치한다. 그러나 치자의 입장에서 교육과 양육의 관계를 선후본말로서 정립할 수는 있지만, 어느 한 면만을 취하고 다른 한 면을 버릴 수는 없다. 『논어』에 다음과 같은 내용이 수록되어 있다.

공자가 위나라에 갈 때 염유가 (공자를 모시고) 마차를 몰았다. 공자가 말하였다. "백성들이 많구나!" 염유가 말하였다. "이미 백성이 이렇게 많은데, 또 무엇을 해야 합니까?" (공자가) 말하였다. "(백성들의 삶을) 풍요롭게 해야 한다." (염유가) 말하였다. "이미 풍요로워졌다면 또 무엇을 해야 합니까?" (공자가) 말하였다. "(그들을) 가르쳐야 한다. _『논어』「자로」

이곳에서 공자는 정치의 첫 번째 과업은 '백성의 삶을 안정되게 하는 것'임을 강조하고 있다. 맹자 역시 일정한 생산 기반을 마련해 주는 것(恒産)이 정치의 첫 번째 일이라고 하였다. 삶이 안정되고 생산의 기반이 마련된 후에 비로소 백성을 가르치는 교육이 실시된다. 공자에 의하면, 양민과 교민 중에서 양민이 우선이고 교민이 그 다음이다. 그러나 양자 간에 선후는 있을 수 있지만 오로지 한 가지만을 취해야 한다는 극단적인 입장을 취하지 않았다. 그러나 또 다른 곳에서는 교민을 우선시하기도 한다.

자공이 정치에 관하여 묻자, 공자가 말하였다. "양식을 풍족히 하고, 병마를 풍족히 하면 백성들이 믿을 것이다." 자공이 말하였다. "반드시 부득이 버려야 할 것이 있다면 이 세 가지 중에서 무엇을 먼저 버려야 합니까?" (공자가) 말하였다. "병마를 버려야 한다." 자공이 말하였다. "반드시 부득이 버려야 할 것이 있다면 이 두 가지 중에서 무엇을 먼저 버려야 합니까?" (공자가) 말하였다. "양식을 버려야 한다. 예로부터 사람은 누구나 죽지만 사람은 신의信義가 없으면 설 수 없다." _『논어』「안연」

국가의 통치에 있어 양식과 병마 그리고 신의 세 가지는 반드시 필요한 요건이다. 그중에서 공자는 우선순위를 신의 다음에 양식 마지막으로 병마로 설정한다. 양명과 주자는 양민과 교민을 겸중兼重해야 하지만 단지 우선순위를 두자면 양명은 양민을 내세우고, 주자는 교민을 먼저 내세운다.

양명에 따르면, 양민이 먼저이고, 교민이 그 다음이다. 반면 주자학자들에 의하면, 교민이 먼저이고 양민이 그 다음이다. 양명과 한원진은 다음과 같이 주장한다.

친민이라고 말하면 거기에는 교教와 양養의 의미가 함께 갖추어져 있지만, 신민이라고 말하면 한쪽으로 치우친 것 같다. _『전습록』「상」

'신新'이라는 것은 '교教'를 말한 것이고, '친親'이라는 것은 '양養'을 말한 것이다. 군자가 백성에 임하는 도는 본래 '교'와 '양'의 두 가지 일을 벗어나지 않는 것으로, 이 두 가지 일에서 경중을 논하자면, '교'는 '양'을 수반할 수 있지만, '양'은 '교'를 반드시 수반하는 것은 아니다. _『경의기문록』「권1」

유가의 정치론에서 교민과 양민은 두 축이다. 교민을 배제한 양민은 우민愚民정치일 것이고, 양민을 배제한 교민은 민생을 도외시한 도덕정치에 불과할 것이다. 이 점에서 본다면 주자의 신민설과 양명의 친민설은 대립보다는 주종 혹은 본말의 관계로서 겸구兼具의 방향으로 재정립되어야 할 것 같다.

『대학』의 친민과 신민은 『대학』 전체의 의리를 근거로 판단해야 한다. 만일 『대학』 '재친민'에 대하여 주자학과 양명학의 선입견(成心)이 자리 잡고 있다면, 주자나 양명처럼 『대학』의 전문에서 신민과 친민에 부합하는 근거만을 찾아 자의적인 해석을 할 것이다. 퇴계와 한원진이 양명의 친민설에 대해 비판한 것도 바로 그런 경우이다.

6
조선 성리학자의 양명학 비판에 대한 정리 및 평가

양명학에 대한 조선 성리학자들의 비판 논거는 이상의 4가지에 그치지 않는다. 상당히 다양한 편이다. 이정직은 『석정집』「권5 논왕양명」 첫머리에서부터 교법敎法을 문제 삼아 양명의 학문은 유학이 아니라고 하였다. 그는 양명의 학문을 "본원으로부터 직접 깨우쳐 들어간다(從本源悟入)"로 규정하고서 이는 '본체를 공부로 삼는 것'이기 때문에 근기根機가 매우 뛰어난 사람(上根者)에게는 적용될 수 있을지라도 중간 사람(中根者) 이하에게는 적용될 수 없기 때문에 일반적인 교법으로 삼을 수 없다고 비판한다.

과연 그런가? 이정직 역시 양명의 어록인 『전습록』을 정묘하게 탐독하지 않은 것 같다. 『전습록』「하」에 다음과 같은 내용이 있다.

덕홍德洪(錢緒山)과 여중汝中(王龍溪)이 양명의 가르침에 관하여 토론을 하고 있었다. 여중이 선생의 가르침을 들어 말하였다. "선도 없고 악도 없는(無善無惡) 것은 심의 본체이고, 선도 있고 악도 있는(有善有惡) 것은 의념의 발동이고, 선악을 판별하는(知善知惡) 것은 양지이고, 선을 실현하고 악을 제거하는(爲善去惡) 것은 격물이다." 덕홍이 말하였다. "이 가르침의 뜻을 어떻게 생각하는가?" 이에 여중이 말하였다. "이러한 선생의 말씀은 아마 궁극적인 뜻을 말하고 있는 것 같지는 않다. 왜냐하면 만약 심의 본체가 선도 없고 악도 없다면 의념 역시 선도 없고 악도 없는 것이고, 양지 역시 선도 없고 악도 없는 양지일 것이고, 물 역시 선도 없고 악도 없는 물일 것이다. 만약 선도 있고 악도 있다고 말하면 결국 심의 본체에도 선악이 있을 것이다." 이에 대하여 덕홍이 말하였다. "심의 본체는 하늘이 명命한 본성이어서 원래 선도 없고 악도 없다. 그러나 사람에게는 경험적인 습심習心이 있기 때문에 의념의 활동에 선악이 있음이 보인다. 격물·치지·성의·정심·수신은 바로 그 선도 없고 악도 없는 본체를 회복하는 공부이다. 만약 의념이 원래 선도 없고 악도 없는 것이라면 공부 또한 말할 필요가 없다."…양명이 말하였다."나는 지금 떠나려고 하니 너희 둘은 연구하여 이 뜻을 깨우치기 바란다. 그러나 너희 둘의 의견은 꼭 서로 보조해야만 쓸모가 있게 되지 어느 한쪽만을 고집하여서는 안 된다. 내가 사람을 학문으로 인도함에 있어 원래 두 종류의 사람이 있다. 첫째는 근기가 뛰어나게 총명한 사람이 있는데, 이런 사람은 직접 본원本源으로부터 깨달아 들어간다. 사람의 본체는 원래 밝고 막힌 데가 없는 미발의 중체中體 자신이다. 근기가 뛰어난 사람은 본체를 일시에 깨달아 이 본체의 자연스런 발현으로 공부를 삼아 타인과 자기, 안과 밖을 한꺼번에 투철하게 파악한다. 둘째로 경험층의 습심習心의 방해를 면하지 못한 사람의 본체는 외물의 욕망에 가려 있기 때문에 얼마 동안은 반드시 의념이 발동한 곳에서 실제로 선한 의념을 실제의 행위로 옮기고 악한 의념을 제거하라고 가르쳐야 한다. 공부가 원숙하게 되어 남은 찌꺼기를 완전히 제거해 버릴 때 본체도 역시 밝아지게 된다. 여중

304

의 견해는 여기서 내가 말하는 근기가 뛰어난 사람에 적용되는 것이고, 덕홍의 견해는 내가 여기서 말한 두 번째 종류의 사람을 위하여 교법教法을 세울 때 적용되는 것이다. 두 사람의 의견을 서로 보완하여 응용한다면 중급中級 이상 또 그 이하의 사람들을 도道를 깨닫게 인도할 수 있을 것이다. 만약 한쪽만을 고집한다면 눈앞에서 바로 사람을 그르치게 될 것이고, 또 도체道體를 완전하게 이해하지 못할 것이다." 그리고 나서 말하였다. "이 후에 친구들과 학문을 토론할 때에는 절대로 내가 말하는 교법의 종지宗旨를 잊어서는 안 된다. (이 종지는) 선도 없고 악도 없는 것은 심의 본체이고, 선도 있고 악도 있는 것은 의념의 발동이고, 선악을 판별하는 것은 양지이고, 선을 실천하고 악을 제거하는 것은 격물이다. 오로지 나의 이 말을 근거로 하여 사람에 따라 적절히 지도하면 자연히 병폐가 없을 것이다. 이것은 원래 철상철하徹上徹下의 공부이다. 근기가 뛰어난 사람을 세상에서 만나기는 어렵다. 본체를 바로 공부로 삼은 사람은 한 번에 전부를 완전하게 깨닫는 사람인데, 이것은 안자顔子나 정명도 같이 뛰어난 사람도 감히 그렇게 할 수 있다고 말하기가 어려운데 어찌 가볍게 아무 사람이나 그렇게 되기를 바라겠는가! 사람에게는 습심習心의 방해가 있다. 양지에 의거하여 선을 실천하고 악을 제거하는 공부를 가르치지 않고 오로지 내용 없는 허공에만 의지하여 본체라는 것만을 생각하게 한다면 모든 일은 실제의 일에 안착되지 않아 단지 허망하고 적막한 것만을 양성하게 될 것이다. 이러한 병통病痛은 작은 것이 아니니 되도록 빨리 깨뜨리지 않으면 안된다." 이날 덕홍과 여중 두 사람 모두 깨달음을 얻었다.

양명은 이곳에서 왕용계가 긍정한 사무교四無教가 상근자上根者에게는 해당될 수 있겠지만, 중근자中根者 이하에게는 해당될 수 없기 때문에 철상철하徹上徹下의 공부가 될 수 없음을 명확히 밝히고 있다. 그럼에도 불구하고, 이정직은 "본원으로부터 직접 깨우쳐 들어간다"가 양명이 긍정한 일반적인 교법이라고 우기면서 "성인의 언설과 합일되지 않는 하나같이 미친 사람의 소리이니 논변해서 무엇하겠는가"라고 한다. 이처럼 사실과 관계없이 무고한다면 과연 이들과 어떤 대화가 진행될 수 있겠는가?

또 퇴계와 그 후학들은 정좌靜坐의 수양 방법을 예로 들어 양명학을 선학이라고 비평한다. 『양명연보』 「39세」의 기록을 보면 양명이 용장龍場에서 도를 터득한 후에 지행합일설을 내세우자 학자들이 지행의 본체를 발견하지 못하고 헤매는 모습을 보였다. 그러자 양명이 지행의 본체를 체득하기 위한 수단으로서 정좌의 방법을 제시하였다. 정좌는 정신을 밖으로 발산할 때 사용되는 공부가 아니라 흩어진 마음을 안으로 수렴收斂하고 함양하기 위한 공부이다. 그러나 양명은 정좌의 공부에 대하여 경계심을 갖고 있었다. 양명은 39세에 "단지 쉬운 것만을 좋아하고 어려운 것을 싫어하게 되어 선학으로 흐를까 봐 걱정이 된다"고 하였다. 양명의 이러한 걱정은 현실화되었다. 정좌의 대표적인 병폐가 수렴만을 선호하고 실천을 기피하는 희정염동喜靜厭動이었다.

『연보』「43세」에는 양명이 희정염동의 병폐를 보인 정좌의 공부를 다시는 강조하지 않고 오로지 천리를 보존하고 인욕을 제거해야 한다는 존천리거인욕存天理去人欲만을 강조하였음이 기록되어 있다. 이때부터 양명의 학술이 실천을 중시하는 치양지로 나아가게 된 것이다. 따라서 퇴계의 문인들이 양명의 정좌 방법을 들어 선학이라고 비평한 것이 전적으로 그르다고는 할 수 없지만, 이는 초년기의 모습을 지적한 것일 뿐 양명학술 전체에 대한 올바른 평가라고 할 수 없다.

조선 성리학자의 양명 비판은 학술사상에만 그치지 않는다. 그들은 매우 자극적인 용어를 사용하여 양명 심술心術의 부정직성을 문제 삼는다. 양명 역시 주자학을 불가·노장·양묵과 병론하기도 하였지만, 주자의 인품에 영향을 미치는 발언은 삼갔다. 조선 성리학자들의 양명학 비판은 대부분 양명학에 대한 이해 부족에서 비롯된 오해이지만, 오해할 수밖에 없는 외연적 조건이 이미 정립되어 있었기 때문에 그들의 비평은 필연적인 결과였는지도 모르겠다. 16세기 중국에서도 양명학에 대한 관학(주자학)의 비토가 조직적으로 전개되어 3차례에 걸쳐 '양명학전습금지령陽明學傳習禁止令'이 공표되었고, 나흠순羅欽順의 『곤지기困知記』와 진건陳建의 『학부통변學蔀通辨』 그리고 첨릉詹陵의 『이단변정異端辨正』을 중심으로 양명학 비판 서적이 등장하였다.

16세기 중국의 양명학 비판의 사회적 배경은 조선의 그것과 상당히 유사하다. 양명 심학 부흥의 궤적과 함께 불교도 부흥할 조짐을 보여 주자학 중심의 관학파들이 당시 학술계의 상황을 상당히 우려하였다고 한다. 퇴계가 활동하였던 조선은 기묘사화와 을사사화로 정치사회적으로 혼란한 시기였고, 이때를 즈음하여 불교 중흥의 움직임이 있었기 때문에 정주학자程朱學者들의 위기감이 고조되었다고 한다.

이러한 학술계의 변화 외에도 심학이 제도권의 비판을 받을 수밖에 없는 원인이 있는데, 그것은 바로 심학의 특성 때문이다. 리학에서 규범은 심의 활동과 관계없이 주어진 것이다. 규범은 심에 의하여 결정되지 않고, 인식될 뿐이고, 반드시 준수해야 할 불변의 원칙이다. 천리의 실현이 심과 관련을 맺고 있지만, 천리의 존재성은 심으로부터 독립적이다. 반면 심학의 최대 특성은 바로 규범(禮)에 대한 의지의 자율성이다. 물론 천리의 선험성을 긍정하지만, 이 천리는 심과 독립적이지 않다. 즉 심외무리心外無理이다. 천리에 대한 자율성뿐만 아니라, 천리 실현의 방법론에까지 자율성을 적극적으로 부여한다. 이러한 윤리학 체계는 민중의 입장에서는 크게 환영받을 수 있지만, 통치자의 입장에서 보면 매우 위협적이다. 통치자 계급은 천명 혹은 예 등의 비교적 변화의 틀이 좁은 원칙을 가지고 민중을 지배해 왔고, 상당히 유효한 결과를 가져다주었다. 반면 규범에 대한 입법성을 적극적으로 내세우는 심학은 변화의 틀이 다양하고 클 수밖에 없다.

그러나 정치적인 요소와 학문 체계의 특성 외에 근본적인 원인이 있는데, 그것은 바로 지식에 대한 현자들의 집착과 심태의 편협함이다. 이는 조선 성리학자에게만 적용되지 않고 동서고금 거의 대부분의 학자들에게 적용된다.

현대 양명학 연구자 상당수가 조선에서 양명학이 유행하지 못한 원인을 퇴계에서 찾고, 혹자는 더 나아가 퇴계는 마땅히 한국이 근대화 과정에서 뒤처지게 된 책임을 느껴야 한다고 비판하기도 하였지만, 이 또한 퇴계의 양명학 비판에 대한 과도한 비판인 것 같다. 사실 퇴계의 심학 비판은 퇴계의 시대에서 퇴계의 시대정신에서 보아야 할 필요성도 있다. 즉 퇴계의 양명학 비판은 도학의 정통이념을 확립하고자 하는 사명의식 발휘라고도 할 수 있다. 다시 말하면, 퇴계의 양명학 비판에는 퇴계의 주관적인 의식구조 그리고 진리관(가치관)과 아울러 시대의 사명의식이 작용하였을 가능성이 충분하다. 따라서 양명학이 소개되어야 할 당위성이 충분히 있었다면 그것을 유행시키지 못한 1차적인 책임은 양명학자에게서 찾아야 할 것이다.

근대화에 관한 비판도 마찬가지이다. 만일 퇴계가 후과를 충분히 예견하고서 비판하였다면 모르겠지만, 퇴계가 학문적 의리에 비추어 양명학을 비판하였고, 비판할 수밖에 없는 상황적 요소가 충분하였다면 근대화와 퇴계는 무관하다. 다시 말하면 한국의 근대화와 퇴계의 양명학 비판은 충분관계가 아니다.

세창사상가산책 **17** | 왕양명